古 钱 小 辞 典

朱 活

文 物 出 版 社

图书在版编目（CIP）数据

古钱小辞典／朱活著．—北京：文物出版社，
1995.9（2020.5重印）
ISBN 978 - 7 - 5010 - 0767 - 7

Ⅰ.①古…　Ⅱ.①朱…　Ⅲ.①古钱（考古）-词典
Ⅳ.①K865.6 - 61

中国版本图书馆 CIP 数据核字（2017）第 095650 号

古钱小辞典

著　　者：朱　活

封面设计：仇德虎
责任编辑：黄　曲
责任印制：张道奇

出版发行：文物出版社
社　　址：北京市东直门内北小街 2 号楼
邮　　编：100007
网　　址：http：//www. wenwu. com
邮　　箱：web@ wenwu. com
经　　销：新华书店
印　　刷：北京君升印刷有限公司
开　　本：787mm×1092mm　1/32
印　　张：9.5　插页：1
版　　次：1995 年 9 月第 1 版
印　　次：2020 年 5 月第 5 次印刷
书　　号：ISBN 978 - 7 - 5010 - 0767 - 7
定　　价：26.00 元

目　　录

前　　言 ……………………………………（1）

中国历代钱币 ………………………………（1）

一、先秦钱币 ………………………………（1）

　　贝化（货）（1）无文铜贝、银贝、金贝（2）石贝、
骨贝、珧贝（3）布钱（4）原始空首布钱（4）空首弧
足布钱（5）空首尖足布钱（7）平首方足布钱（8）平
首尖足布钱（10）平首圆足布钱（10）三窍布钱
（10）斾布、连布（12）锐角布钱（14）刀化（16）齐、
即墨、安阳与谭邦之法化（16）齐建邦䇹法化、齐法
化（17）尖首刀（19）匽刀（19）甘丹与白人刀化
（19）城白与城白化（22）蔺与圆阳刀化（23）蚁鼻钱
与鬼脸钱（24）圜钱（25）珠重一两钱（26）垣、共
圜钱（27）西周、东周与安臧圜钱（27）桼垣一釿、桼
圜一釿圜钱（27）蔺、离石、武安圜钱（29）皮氏、济

阴与平备圜钱（30）两甾、半两圜钱（31）文信、长安圜钱（31）赆化圜钱（33）匽化、一化圜钱（33）爰金（34）

二、秦汉钱币 ……………………………………（36）

秦半两钱（36）汉半两钱（37）三铢钱（39）麟趾与袅蹄金（39）西汉五铢钱（39）西汉金五铢钱（40）西汉小五铢钱（42）错刀与契刀（42）六泉十布（43）货布、货泉、布泉（43）更始五铢钱（46）＊窦融复行五铢钱（46）东汉五铢钱（47）＊公孙述铸铁钱（49）＊耿勋铸钱（50）

三、三国两晋南北朝钱币 ……………………（50）

魏五铢钱（50）蜀直百五铢、直百、五铢钱（50）蜀太平百钱、定平一百钱（52）吴大泉五百、大泉当千钱（53）丰货钱、汉兴钱（55）东晋"沈郎"五铢钱（56）南朝宋四铢、孝建四铢、永光与景和钱（56）＊大明四铢钱（57）南朝梁五铢、公式女钱、两柱五铢、四柱五铢钱（57）南朝陈五铢、太货六铢钱（59）北朝太和五铢、永安五铢钱（60）北周布泉、五行大布、永通万国钱（60）北齐常平五铢钱（62）高昌吉利钱（63）

四、隋唐五代钱币 ……………………………（63）

隋五铢钱（63）唐开元通宝钱（64）开元通宝金银钱（64）乾封泉宝、乾元重宝、大历元宝、建中通宝钱（65）当十开元、会昌开元钱（67）＊咸通玄宝钱（67）得壹元宝、顺天元宝钱（69）唐金银（70）五代开平通宝、开平元宝钱（70）天成元宝、清泰元宝钱（71）天福元宝、助国元宝、壮国元宝钱（71）汉元通宝钱（71）周元通宝钱（74）永平、通正、天汉、光天、乾德、咸康元宝钱（74）闽开元通宝钱（74）永隆通宝、天德通宝、天德重宝钱（75）天策府宝、乾封泉宝钱（76）广政通宝、大蜀通宝钱（78）大齐通宝、永通泉货、保大元宝、唐国通宝、大唐通宝钱（78）南唐开元通宝钱（81）乾亨重宝、乾亨通宝钱（81）永安钱与应天元宝、应圣元宝、乾元重宝钱（82）＊顺天元宝钱（铜）（82）

五、宋西夏辽金元钱币 ……………………（85）
宋元通宝钱（85）太平通宝、淳化元宝、至道元宝、应感通宝、应运元宝钱（85）咸平、景德、祥符、天禧元宝、通宝钱（86）天圣、明道、景祐、皇宋、康定、庆历、至和、嘉祐元宝、通宝、重宝钱与治平元宝、通宝钱（88）熙宁元宝、重宝、通宝与元丰通宝钱（89）元祐、绍圣、元符通宝、元宝钱（91）圣宋、崇宁、大观、政和、重和、宣和元宝、通宝、重宝钱（92）靖康元宝、通宝钱（98）建炎、绍兴元宝、通宝、重宝钱（101）隆兴、乾道、淳熙元宝、通宝钱（101）绍熙元宝、通宝钱（101）庆元、嘉泰、开禧、嘉定通宝、元宝钱（105）圣宋重宝铁钱（106）宝庆、大宋、绍定、端平、嘉熙、淳祐、皇宋、开庆、景定元宝、通宝、重宝钱及咸淳元宝钱（106）临安府行用铜牌（109）宋银铤（109）交子与钱引（115）关子与会子（116）天授、福圣、大安、元德、天盛、乾祐、天庆、皇建、光定通宝、宝钱、重宝、元宝钱（116）天赞、天显、天禄、应历、保宁、统和、重熙、清宁、咸雍、大康、大安、寿昌、乾统、天庆通宝、元宝钱（120）＊通行泉货钱（120）＊会同通宝钱（120）正隆元宝、大定通宝钱（123）泰和重宝、通宝钱（123）崇庆、至宁、贞祐通宝、元宝钱（123）阜昌元宝、通宝、重宝钱（126）金代银锭（126）金代交钞（126）大朝、中统、至元、元贞、大德、至大、大元、皇庆、延祐、至正通宝、元宝钱（128）至正权钞钱（131）元代银元宝（131）中统元宝交钞、至元通行宝钞（135）龙凤、天启、天定、大义、天统、天佑、大中通宝钱（136）

六、明清钱币（附太平天国及各地起义
政权钱币） ·····························（143）

洪武通宝钱（143）永乐、宣德、弘治、嘉靖、隆庆、万历、泰昌、天启、崇祯通宝钱（143）大明、弘光、隆武、永历通宝钱（145）明代白银与矿银钱（150）大明通行宝钞（150）永昌、大顺、兴朝通宝钱（151）利用、昭武、洪化、裕民通宝钱（152）天命、天聪汗钱（152）顺治通宝钱（157）康熙、雍正、乾隆、嘉庆、道光、咸丰、祺祥、同治、光绪、宣统通宝、重宝、元宝钱（157）清代铜元、银元（160）清

代元宝、中锭、锞子、散银（163）户部官票、大清宝
钞（166）太平天国圣宝、太平通宝、平靖胜宝、嗣统
通宝钱（168）

常见邻邦古钱币 ·························（172）

一、朝鲜古钱币 ·························（172）
    乾元、海东、东国、三韩、朝鲜、常平通宝、元
宝、重宝钱（172）

二、琉球古钱币 ·························（173）
    大世、世高、金圆、中山通宝、世宝钱（173）

三、日本古钱币 ·························（180）
    和同、开基、太平、万年、神功、隆平、富寿、承
和、长年、饶益、贞观、宽平、延喜、乾元钱（181）
洪武、庆长、元和、宽永、宝永、仙台、籍馆、文久
钱（184）天保、万年、琉球、筑前、盛冈铜山钱
（191）

四、越南古钱币 ·························（193）
    太平、天福、明道、天感钱（193）建中、政平、
元丰、绍隆、开泰、绍丰、大治元宝、通宝钱（193）
大定、熙元、宋元、景元、圣元、天庆通宝钱（196）
顺天、绍平、大宝、大和、延宁、天兴、光顺、洪德、
景统、端庆、洪顺、陈公、光绍、佛法、宣和钱
（197）明德、大正、广和、永定、光宝通宝钱（201）
元和、嘉泰通宝钱（202）永寿、永盛、保泰、景兴、
昭统通宝钱（203）太平、天明通宝钱（206）安法、泰

德、明德、光中、景盛、宝兴元宝、通宝钱（206）嘉
隆、明命通宝钱（208）治元、元隆通宝钱（210）绍
治、嗣德、建福、咸宜、同庆通宝钱（211）成泰、维
新、启定通宝钱（215）

古钱名词简释·····································（217）

古钱与古钱学（217）钱谱（217）钱与泉（218）
货（218）币（219）货币（219）币材（220）上币、中
币、下币（221）贝布（221）縠帛货币（221）皮币
（222）称量货币（223）铸币（223）钱币（224）黄钱、
青钱（225）铅钱（225）铁钱（226）纸币（226）楮
币（227）孔方兄、青蚨、上清童子（227）阿堵物
（228）出谱品、孤品、创见品（228）布面、布背、布
首、布身、布肩、布腰、布足（228）刀首、刀身、刀
柄、刀环（229）刀面、刀幕、刀锷、刀脊（229）弧
折、磬折（229）面、背、幕（229）穿、郭、肉
（230）广穿、狭穿、花穿（230）重轮、重好、阴郭
（231）好角、四决、四出、粟文（231）钱文、背文
（231）直读、旋读、横读、环读（232）称提（232）足
陌、短陌与省陌（233）版别（233）大版别、小版别
（234）大型、大样、大字与小型、小样、小字（234）
对文与綖环（234）传形与错范（234）正用钱与厌胜
钱（235）制钱（236）官炉钱（238）私铸钱（240）奸
钱、恶钱、悭钱（240）后铸钱（240）试范钱（240）
初铸钱（241）样钱、子钱、母钱、祖钱（241）对子
钱（241）套子钱（241）出号钱（242）纪监钱

（242）纪监纪年钱（242）纪重钱（242）纪值钱（243）年号钱（243）国号钱（243）国号年号钱（243）纪年钱（243）纪地钱（243）御书钱（244）平钱、折二、折三、折五、当十钱（244）大钱、小钱（244）磨郭钱（244）剪边钱（245）针孔式、小孔式、大孔式、磨背式贝化（245）连泉、连布、连刀（245）圜钱（245）方孔钱（245）榆荚钱（246）鹅眼钱（246）对文五铢钱（246）綖环五铢钱（247）通宝（247）元宝（247）重宝（248）莱子、荇叶（248）普尔、滕格（248）官贴与私贴（249）镇库钱（249）宙宇钱（249）罗汉钱（250）祝圣钱（250）包袱钱（250）赏赐钱（250）万寿钱（251）祝寿钱（252）佩饰钱（252）生肖钱（252）花钱（253）宫钱（253）符咒钱（253）降魔钱（255）四灵钱（255）刻花钱（255）吉语钱（255）撒帐钱（256）洗儿钱（256）上梁钱（256）秘戏钱（257）凭信钱（258）八仙钱（258）选仙钱（258）马格钱（260）冥钱（260）瘗钱（260）男钱（260）女钱（261）大篆、小篆、隶书、真书（262）悬针篆、玉筋篆（262）瘦金体（262）八分书、九叠篆（263）三体书（263）连轮、隔轮（263）接郭、离郭、寄郭（263）聚头、并足、倒书、变书、隐起（263）左挑、右挑、双挑（264）钱镕（264）陶范、石范、铜范、铁范、铅范（265）原范、祖范、母范、子范（265）铲形范、盘形范、片范（266）浇铸口、槽、排气道（266）范面、范背、面范、背范、双面范、合范（266）钱模、范缘、子母榫（267）铁范铜（267）生坑、熟坑（267）包浆（267）黑漆古、铁色古、水银古（268）靛青蓝、朱砂斑、松儿绿（268）鎏金、贴金（268）翻砂赝品（268）改刻（269）挖补、拼合（269）摇头（270）五字鉴别古钱法（270）寽（271）爰（271）益钤（272）战国时期衡量黄金单位（273）寸（273）尺（273）丈（273）引（273）寻（274）端（274）匹（274）两（274）

后　　记 ……………………………………（275）
附　　录 ……………………………………（276）
　　银布（276）宋子三孔布（276）无终三孔布（276）凉造新泉（277）太元货泉（278）太清丰乐（279）驺虞峙钱（279）圣宋重宝当五铁钱（279）崇祯通宝（背宝泉）（280）永正通宝（280）福建通宝（280）民国通宝（282）龟兹五铢（282）

前　　言

　　建国以来，钱界集币活动出现了新的势头，集币爱好者、研究者愈来愈多，因而一本普及并关注提高的古钱辞书，理应面世。

　　这本辞书早年在《文物》杂志连载刊出，应读者的要求，兹略加增补（文中带"＊"号者），由文物出版社出版。

　　这本辞书的内容，以我国先秦至清末的历代钱币（包括纸币）为主体，兼录流传到我国的邻邦古钱，同时，附有《古钱名词简释》。

　　读者渴望这本辞书能够对古钱币进行评级标价，但评级需要科学数据，标价的政策性很强，不是这样一本辞书所能承担的。

　　读者希望这本辞书能够解决钱币鉴定、如何读书等问题，这也是编者想到的。历史钱币如果在文物界，它是"文物古钱学"；如果在考古界，它是"古钱考古学"；如果从金融界的角度来衡量，它是金融研究的组成部分。鉴定是十分必要的，鉴定是一门极其严肃、周密的学问，古钱的鉴定亦不得例外。

鉴定古钱首先要注重实践。古钱鉴定的基本功就是实践，看得多，接触面广，所谓熟能生巧，才能提高我们的鉴定素质。就钱论钱，鉴定水平是不易提高的。所以有了实践经验，还要再加上文史、古文字及其他方面的丰富知识，鉴定古钱才能有把握。

鉴定古钱的内容，包括真伪、时代、流行地区、铸造等，从而确定其文物考古价值。每个时代的钱币都有其制作风格、制作特征，即不同的版别、形制、质地等等。众所周知，古钱做假主要有翻砂、改刻、挖补、拼合（包括打制拼合）。现代又出现采用强蚀出轮廓文字者，尚待钱界正其名。

翻砂做假，其钱较原钱要小一轮，因为翻钱冷却收缩，再磨去表面粗糙层之故也。文字亦较呆滞。改刻做假，一般是将普通品改刻成珍贵品。如"齐法化"出土较多，伪造者拣取质地较厚、氧化严重的三字刀，保留首尾二字，中间刻成"建（造）邦訸法"四字，就成为珍贵的六字刀了。这种伪刻品，背面锈色极好，但正面刻字的地方必定要做一层假锈，以掩盖刀痕。再如五铢改刻为"三铢"，半两改刻"两两"、"半半"，大唐改为"大齐"等等。多为集爱者所误藏。挖补做假，如果挖补得粗糙，是容易被看出的，但如果将"景祐元宝"改成"皇祐元宝"，因为挖补的钱本身是真的，加之改刻得很自然，就很难加以辨别。

用强腐蚀剂做假钱，即将古钱磨平，用蜡或漆在钱面

2

上描绘成文字轮廓,将钱放在强腐蚀剂中,数日后取出,有蜡有漆保护的地方铜质未受腐蚀,成为凸出的轮廓文字。这种假品的文字轮廓浮浅。此强腐蚀剂即三氯化铁。

鉴定古钱要看神韵。看神韵,钱币文字是重要的一环。人们经常用文字精神是否刚健自然与孱弱呆滞等来加以衡量,如果不注意将真伪对照仔细观察,就难以领悟真伪的细微差别。

古钱辨伪,分清铜锈真假,最是重要。钱界都认为真锈坚、伪锈松,但堆积过多的真锈也有较松的,不过这一层铜锈剔除后,底下仍有一层牢固的铜锈与铜质紧密相依。古钱经火爇后颜色会发生变异。井底、河底里掘到的古钱色泽亦与普通者不同;干坑与水坑出土者也相异。在鉴定时应综合各方面因素,最后才能得出正确的结论。

做假锈有两种方法:一种是用化学方法处理,另一种是人工养色。前者如用醋酸掺硫酸铜溶液浸泡法来做铜锈。这种假锈,色彩明亮,呈绿中透天蓝色,并在伪钱身上附有分布不均的硫酸铜结晶颗粒,铜锈呈松散的粉状,给人以一种飘泛的感觉。后者如用胶水拌和颜料来做假锈,又出于高手,确能鱼目混珠。但这种假锈比较脆嫩,容易剔落。在剔除锈色的地方会露出光滑的铜质。

古钱锈色,概有绿、红、蓝、黑、紫等。生铁被氧化生铁锈,其色为红。铜被氧化生绿锈。铜若为硫磺浸蚀则生蓝锈。锡与银氧化生锡氧与银氧,其色皆黑。黄金不受空气之侵蚀,永不生锈,但遇盐水之后,再受日光暴晒,生紫锈。作伪锈者,根据上引原则泡制。采用快速法者,多以化学方法为之，如仿制绿锈则用铜屑调和于硝强水盐卤之中，涂于钱上，再埋于地下经过三伏之后，再行挖出，器有绿锈矣。如作红锈，即将铜屑换为铁屑照法为之可也。若作伪者仍感不利，则将铜绿掺于漆内涂之，干固之后，即成功矣。如欲钱有黑锈，用古墨同调或将钱薰黑，然后用漆涂之，即告成功。所制伪锈如以加碱之开水煮之、刷之，其锈即落，伪迹毕露。惟伪造之"玻璃锈"，先将胶和松香化为流质，再将欲仿颜色所用之物，调和之，涂于钱上，即成玻璃锈色。此法不适用，可用烧红之铁烫之，伪者即发出松香及胶味。再如以硝强水与盐卤所造之锈，此法亦不适用，但以舌舐之，有盐卤味。

鉴定古钱要注意的问题远不止此，提高文化修养，善于学习，有助于集爱者、研究者更上一层楼。

鉴定古钱必须读书，特别是读有关历史钱币及其制度的书。

管仲是一位理财家，《管子》虽不一定出自他手，但反映了他的经济思想、货币思想是可以肯定的。《史记·管晏列传》："太史公曰：吾读管氏《牧民》、《山高》、《乘马》、《轻重》、《九府》……详哉其言之也。"《索隐》："皆管氏所著书篇名也。按：九府，盖钱之府藏，其书论铸钱之轻重，故云《轻重》、《九府》。"其中《乘马》、《轻重》、《九府》是《管子》一书中有关经济、财政、铸钱的重要篇章。对我们治钱学，特别是研究先秦钱币是至关重要的。

《国语·周语》涉及"钱"的来源及"子母相权"的钱币理论，是研究先秦钱币所必读者。

《史记·平准书》及《汉书·食货志》是从经济史、钱币史的角度，论述货币的起源、演变及货币理论的。因为著者没有亲眼看到全部实物，难免有穿凿附会的地方，这就要求我们会读。

《晋书·食货志》尽管有关史料选择考核不笃实，但填补了一些空白，虽不必精读，但必须读。历代食货志有关货币的部分显然也是中国货币史的源流。

《通典》《通考》《通志》也有关于货币的记载。可以从正误两个方面增加我们研究钱币的历史知识。

桓宽《盐铁论·错币》宜精读。该书中以桑弘羊为代表的大夫论，意多与《管子》同。《盐铁论》是儒法两家论辩的实录，所以有些问题为官簿所不载。

至于宋罗泌（字长源）《路史·论币所起》，在泉界虽有影响，但为害匪浅。把先秦铸币定为"葛天、轩辕、尊卢之币"，臆测杜撰，而后人著谱一直到清乾隆年间仍多沿《路史》之误。《路史》一书多采纬书及道家言，对此，我们应有清醒的认识。

钱家历来说历史钱币学的源头是钱谱。货币与钱币既有共同性，也有交叉是在所难免的。泉界定萧梁顾烜《钱谱》为中国钱谱的滥觞，因顾氏《钱谱》中多引刘氏《钱志》，泉界认为《钱志》即《隋书·经籍志》所列刘潜《泉图说》。刘潜是齐梁间人。顾谱引用其书四种钱：两铢钱、星月钱、四五钱、八星钱。可见当时已根据铸币自身特征而加命名。

洪遵《泉志》，传世钱谱以此本为最古。但多依《路史》之误，明徐象梅为《泉志》补图，更以意为之，不足征。时贤提出我国遗存最早的钱谱，实为佚名作《货泉沿革》，值得钱界注意。

近贤张絅伯氏云："尝谓乾隆以前无钱学，自洪志，下迄《钱录》，钱谱之行世者，无虑数十种，开卷必宓牺、神农、天品、神品，率意杜撰……不堪卒读……嘉道以还，钱学始萌，初渭园实为开山祖师，《吉金所见录》虽非完书，而刀布断自列国，一扫前人陋妄。"

钱书是要读的，若架床叠屋，卷帙浩繁，又多袭沿旧讹者，正如戴熙《古泉丛话》云："古今钱谱甚多，著者滥而阅者厌矣。"戴氏又云："藏钱以足补史传之缺者为贵，故异钱之可以考者上也，无可考者，次也，厌胜下也。"斯言为钱界奉为圭臬。当然，从今天的角度看，厌胜钱亦可补史志之缺，未必一律列为下也。

钱书如《货币文字考》，马昂著，可谓博学精思，自成一家之言。此书四卷，谓传世诸货布，皆自春秋战国，一扫前人上古有货布之误言。

蔡云《癖谈》六卷，亦多精意。

历史钱币学与古文字学相关甚密。商承祚、张颔诸氏均有钱文编问世，币文在契文、金文、陶文、玺文中往往是找不到的。如大批出土安臧空首布中有一枚"臣"字，古文字家可以释为"臣"，而币文家应该释为臧之省文，且为安臧布文省之又省者，币文家释"臣"则不宜矣。这不是臆测，而是求实。

李佐贤《古泉汇》六十四卷，收录自东周至明代各种钱币附及钱范共约六千枚，并加考证，为清代比较完善的一部钱谱。此后李氏与鲍康合编《续泉汇》十四卷，补遗一卷，唯新知创见。

此外刘体智《善斋吉金录》，其七为《泉录》，藏钱多陈介祺遗物。罗振玉《古器物范图录》、邓实辑《簠斋吉金录》均不失为考证古钱的必要参考书。

至于丁福保《古钱大辞典》，在新的工具书没有问世以前，仍不失为一部有价值的著作。

近年汪庆正氏编撰《中国历代货币大系·先秦货币》，的确是一部可读性极高的专著。

我们虽然研究的是历史钱币学，但不好忘记彭信威《中国货币史》、王献唐《中国古代货币通考》，因为他们的书，都具有很高的学术价值。

我们应该了解，历史钱币学是研究钱币形态理论的学科，是社会科学中的一门交叉学科。研究历史钱币学显然与政治史、经济史、财政史、外贸史、文化史、货币史、民族史、交通史、冶炼史、度量衡史、工艺史、国际关系、历史地理、古文字、书法均有关；而自然科学也开始引进为历史钱币学研究服务，为古钱定性、定量分析创造了条件，为研究历史钱币学开辟了新的途径。

作　者

中国历代钱币

一、先秦钱币

贝化（货）

古代曾以海贝壳充当货币，称贝化（货）。已发现我国充当货币的海贝，大型的有虎斑宝贝〔Cypraea Tigris（Linnaeus）〕、阿文绶贝〔mauritia arabica (linnaeus)〕；小型的有货贝〔monetaria moneta (linnaeus)〕、拟枣贝〔Erronea errones (linnaeus)〕等，以货贝最常见。河南安阳殷墟常有伶鼬榧螺（Oliva mustelina lamarck）与海贝同墓出土。

贝化在我国古代货币发展史上占有重要地位，是夏、商、周三代的重要物品货币。以朋为计量单位。小贝十枚为一朋（图一）。

图一 贝化（7/8）

1. 拟枣贝 2. 货贝 3. 伶鼬榧螺 4. 虎斑宝贝（1/3）

无文铜贝、银贝、金贝

我国最早的金属铸币是仿海贝形态的青铜铸币，因无文字，古钱学界称为无文铜贝。面凸起，有的横铸一道贝齿；底内凹。自商代晚期至春秋战国时期，存在于黄河中下游地区。1953年，河南安阳大司空村商墓出土3枚无文铜贝；1971年，山西保德林遮峪村商墓又出土109枚。近年，河南安阳殷墟西区620号墓地也出土铜贝2枚。河南辉县及山西侯马上马村的春秋战国墓葬曾出土大批铜贝；山东临淄齐故城于家村春秋墓中也有发现。无文铜贝计量单位为寽。一寽为12铢，即当时的半两（图二）。

无文银贝也是仿海贝形态的铸币。1974年，河北省平山县中山国1号陵墓出土银贝4枚，是第一次发现。

无文金贝也仿海贝铸造。正面中央有一道贝唇，唇两旁有7条平行齿纹，背面扁平，小端钻一小圆孔。1984年，河北省灵寿县战国早期中山国墓出土4枚，置于铜鼎之内，3枚保存完好，亦为第一次发现。金贝长1.1、中宽0.8厘米，每枚重3.14克。经测定，含金成色为92%。

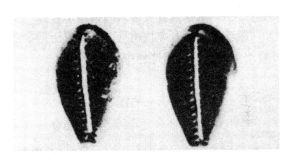

图二　商无文铜贝

石贝、骨贝、珧贝

都是人工仿制贝。石贝以白色滑石、石髓或次玉、玉髓刻制；以次玉、玉髓刻制的也称玉贝。面部刻一道竖纹，竖纹两旁或刻有贝齿；背平，单穿或双穿。骨贝以兽骨刻成，较扁平，上下两端较锐，呈版状的枣核形。一般因与铜器长期接触，出土时多成翠绿或淡绿色。珧即"蜃甲"——蚌壳，用蚌壳刻成的珧贝呈乳白色，体形扁宽，两端较钝，双穿，余如骨贝（图三）。

青海柳湾原始公社晚期墓葬出土石贝、骨贝及珧贝。中原地区从早商到春秋时期的墓葬中也多有出土。仿贝不一

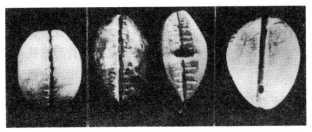

图三　石贝、骨贝、珧贝

定全是货币。如数量较大并与海贝同坑出土，充当货币的可能就大。殷墟妇好墓有 8 枚仿贝（石髓或玉髓制造）与近 7000 枚海贝同出，说明这种仿贝是货币。

布钱

又名铲币，是春秋战国时期青铜铸币的一种。形状取象于钱、镈（铲状农具）（图四），依形制分为空首布钱和平首布钱两大类：空首布钱有銎（空首），保持农具铲的形状，基本上是春秋时期周王室及晋、卫、郑、宋等国的铸币；平首布钱已演变成为象征铲状的薄铜片，基本上是战国时期周王室及韩、赵、魏、宋等国的铸币。此外，燕国的某些城邑、楚国的北部边境、秦国占领下的布钱地区，都先后铸行不同形状的平首布钱。

1974 年，河南省扶沟县固城乡出土一批银铸空首型布钱，说明我国古代的银铸币可上溯到春秋时期。

原始空首布钱

原始空首布钱宽大厚重，长

图四　商农具钱（镈）

（原物通长 22.3 厘米）

4

方形身，短銎，銎内往往留有范塞（或称内范、范泥）。大的通长达 16.4、足宽 9.5 厘米，多半无文字。有文字的体形较小，通长 10.4～10.5、足宽 6.2 厘米，已发现的铸文为"𣎸（益）"、"盄𛀁（卢氏）"两种（图五）。

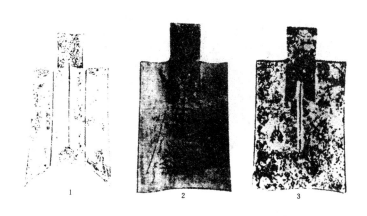

图五 原始空首布 （1/2）

1. 无文　2. 卢氏　3. 益

空首弧足布钱

空首弧足布钱分平肩、垂肩两种，共同特点是足部内凹呈弧形，銎长，銎内往往留有范塞。平肩铸有阳文数目、干支、事物、天象或城名等文字。大型的通长 10、足距约 5.3 厘米；最小的"安臧"布钱通长 7.4、足距 4.3 厘米左右，钱体近正方形。垂肩最大的通长 8.6、足距约 5.3 厘米；最小的通长 7.3、足距约 3.9 厘米所铸文字多为城名（图六）。

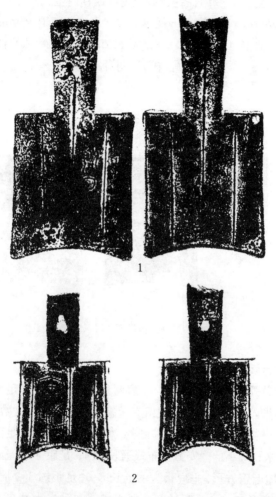

1

2

图六 空首弧足布（周王室）（2/3）

1. 公，大型，春秋　2. 安臧，小型，春秋～战国

6

空首尖足布钱

空首尖足布钱耸肩、尖足、长銎，銎内往往留有范塞，多无文字，俗称"无文大布"。通长14.5、足距约6.5厘米。1963年山西侯马晋都新田遗址出土小型空首尖足布钱，模铸"全8（幺金或玄金）"二字，通长11.7、足距4.7厘米，重25.3克。1959年新田遗址出土的"□□共黄钌"空首尖足布钱，模铸文字最多（图七）。

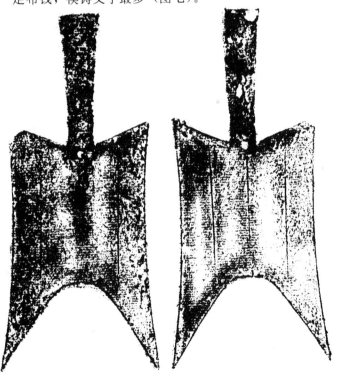

图七 无文大布（晋）（3/4）

7

平首方足布钱

　　早期的平首方足布钱体形较大，裆圆，分平肩与圆肩、有郭与无郭两种。按铸文多为"二釿"、"一釿"、"半釿"三等制。如"安邑二釿"布钱通长 6.5、足宽 4～4.3 厘米；"安邑半釿"布钱通长 4.4、足宽 3.1 厘米左右，背多平素。有的"安邑二釿"、"安邑一釿"背铸"安"字（图八）。

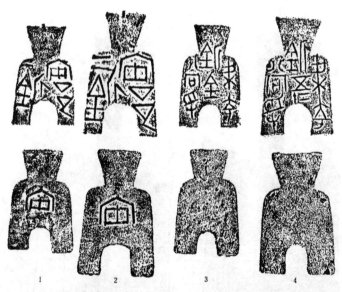

图八　平首方足布（战国）（1/2）

1. 安邑一釿　2. 安邑二釿　3. 梁夸釿金当寽　4. 梁夸釿孖当寽（魏）

　　晚期的体小而薄，裆方，都是"半釿"布钱，俗称"方足小布"。通长 3.9～4.8、足宽 2.4～2.7 厘米。如韩、赵、魏的"宅阳"、"安阳"、"皮氏"；燕的"恭昌"、"阳安"（旧释匋阳）。燕布束腰较深，背多铸有"左"、"右"等字（图九）。

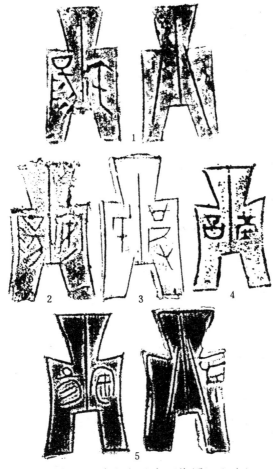

图九 平首小方足布（战国）（6/7）

1．宅阳（韩）　2．安阳（赵）　3．皮氏（魏）

4．恭昌（燕）　5．阳安（燕）

平首尖足布钱

平首尖足布钱的特征是耸肩、方裆、尖足，少数肩稍平。分大小两种，按铸文为"一釿"和"半釿"二等制，俗称"平首尖足大布"、"平首尖足小布"。大布如"甘丹"（邯郸）布钱，通长8.5、足距4.3厘米，钱面模铸城名，背铸数目字。小布如"武安"、"晋阳"等钱，通长4.4～5.5、足宽2.4～2.8厘米，钱面也是模铸城名，少数是城名加上"半"字，半指"半釿"，钱背也铸数目字。所有平首尖足布钱均为战国时赵国的铸币（图一〇）。

平首圆足布钱

平首圆足布钱的特征是圆首、圆肩、圆裆、圆足。有大小二等，即"一釿"与"半釿"布钱。如"蔺"字圆足大布通长7.4、最宽约3.8厘米。"离石"圆足小布通长5.1、最宽约2.6厘米。钱面均模铸城名，背铸有数目字（图一一）。

三窍布钱

三窍布钱又称三孔布钱，主要特征是圆首、圆肩、圆裆、圆足，首及两足各有一个圆形穿孔。分大小二等，大者背文"一两"，小者背文"十二朱"（即半两）。以"爯衕二"（或释"南行唐"）布钱为例，一两大布通长7.2、最宽约3.8厘米，重约15.8克；半两小布通长5.2、最宽约2.7厘米，重8.2克。

以朱两标明币值是秦钱的特征，钱文模铸城名是三晋

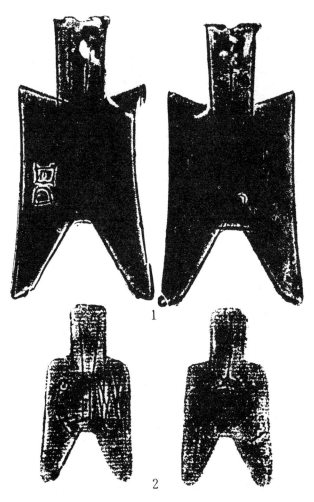

1

2

图一〇　平首尖足布（战国）（6/7）

1. 甘丹（赵）　2. 晋阳（赵）

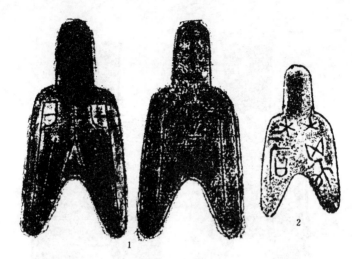

图—— 平首圆足布（战国）（3/4）

1. 蔺 2. 离石

布钱的特征。据此，古钱学界定三窍布钱为在秦占领的布钱地区出现的铸币；或谓中山币，待考（图一二）。

旆布、连布

旆布、连布都是楚国北境的地区铸币。旆布的正式名称应为"旆钱"，旆或释为殊。钱呈长条形，平首平肩，下垂燕尾状两足。正面模铸"旆钱当釿"，即当一釿大钱；背文"十货"，标明旆布一枚值蚁鼻钱十枚。旆布通长9.8、最宽3.5厘米，重34.5～37克。

连布形如两枚小布一正一倒，四足相连。面文"四钱"，背文"当釿"，即四枚小布或两枚连布当旆布一枚。通长8、最宽约2厘米，重7.5克左右。楚地方布（图一三）。

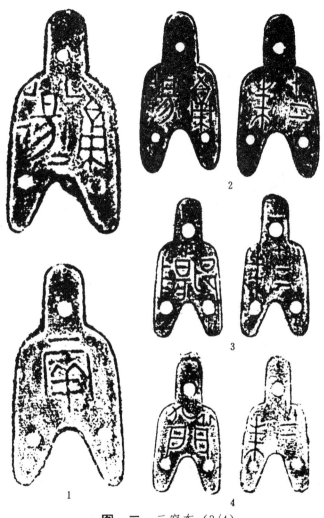

图一二 三窍布（3/4）

1. 甯衔二·一两　2. 甯衔一·十二朱
3. 下邮阳·十二朱　4. 北九门·十二朱

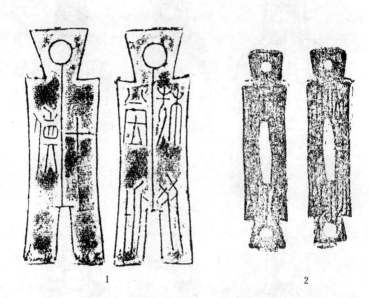

1   2

图一三   斾布与连布（战国）（3/5）

1. 斾钱当釿·十货   2. 四铸·当釿

锐角布钱

战国时韩国的铸币。平首，顶端左右突出如双角，平肩，方足，方裆或∧形裆。有大小两种。大布以"涅阴"为例，通长7.2、最宽约4.5厘米，重18.6克左右；小布以"垂"（或释"殸"）字布为例，通长5.1、最宽约3.1厘米，重9.7克。

锐角布钱后世遗存较少。大布仅有铸文为"涅阴"、"洮涅阴"、"卢氏涅阴"的三种，小布有铸"垂"、"谷（或释公）"字的两种；此外有一面模铸"垂"字，另一面模铸

14

"谷"字的。1985年河南淇县出土74枚"谷"字锐角布钱（图一四）。

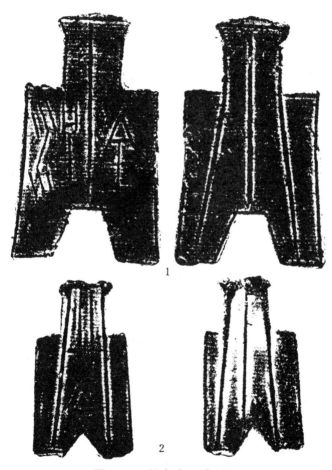

1

2

图一四　锐角布（战国）

1. 涅阴　2. 谷

刀化

俗称刀币。由于齐刀面文有"化"字,得知原应称刀化(货)。

刀化取象于手工业工具或生活用具——刀的形状,是我国春秋战国时期青铜铸币的一种。

齐国首先铸行刀化。《管子·轻重戊》:"令左司马伯公将白徒而铸钱于庄山。"时在齐桓公在位期间(前683~前643年)。战国时,燕国也是铸行刀化的重要国家,赵国国都邯郸及柏人等城也铸行刀化,中山国铸行"城白"刀化。

齐、即墨、安阳与谭邦之法化

法化是标准铸币的意思。铸文作"齐之法化"、"节墨之法化"、"安阳之法化"、"谭邦之法化"(或"谭邦法化"),都是春秋时期姜齐的铸币。共同的特征是刀身边缘隆起,弧部边缘在刀身与柄之间中断;刀面模铸阳文城名加"之法化"字样;背上部有三横,中有"◆"形,下为背文,背文一字者多,二字者少。

齐刀体大厚重。"齐之法化"通长18~18.9、宽2.7~3厘米,重44.5~50.5克。"节墨之法化"通长18.5~18.8、宽2.8~3厘米,重59~61克。节墨刀有小型的,面文"节墨法化",通长14~16、宽2~2.2厘米,重33~35.5克,颇少见。"安阳之法化"通长18~18.6、宽2.8~2.9厘米,重46~48.5克。

"谭邦之法化"迄今仅见残存刀头一段,长4.6、最宽2.3厘米。1930年山东章邱东平陵古城遗址西南区出土。或

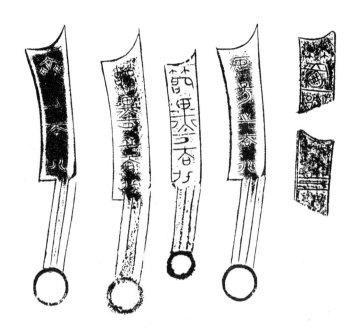

图一五 春秋姜齐刀化 (3/7)

1. 齐之法化 2. 即墨之法化 3. 即鼆法化
4. 安阳之法化 5. 谭邦之法化（残）

释"谭"为"籚（莒）"，非是。1979 年山东莒县莒故城有籚刀陶范出土；1987 年莒故城城南又出土一批陶范，背文有"∅（中）"字，面文"匽"字，均与谭刀不同，俗称"博山刀"（图一五）。

齐建邦张法化、齐法化

铸文作"齐建邦（亦释"造邦"）张法化"的，是田齐的开国纪念币，在齐刀中最稀罕。通长 18.2～18.8、宽 2.8

17

～2.9厘米，重42.3～47克。

铸文作"齐法化"的，是齐刀中最多的一种，是田齐威、宣时期用来统一币制的（图一六）。

这两种刀化的共同特征是面文没有"之"字，弧部外缘隆起而不断，其余与早期齐刀相同（图一七）。

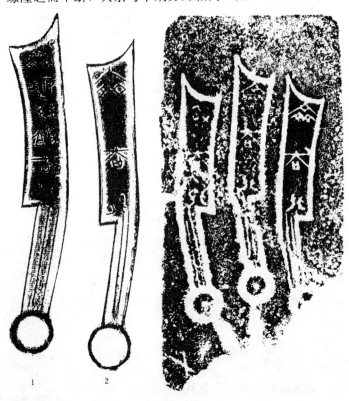

1　　　　2

图一六 战国田齐刀化(1/2)　**图一七** 齐法化陶范(13/14)

　　1. 齐建邦诙法化　2. 齐法化

18

尖首刀

尖首刀是战国早期燕国境内少数民族活动地区铸行的货币。分为二式：Ⅰ式刀身较长，刀尖较短，刀身外缘隆起，断于柄处。一般模铸一个字，少数有两个字。通长14～16.5、宽1.9～2.2厘米，重15.3～18克。Ⅱ式刀身较短，刀尖特长，俗称"针首刀"。通长13.8～15、宽1.8～2厘米，重14.7～16.5克。尖首刀没有统一面文，是燕国还没有统一铸币权的反映（图一八）。

匽刀

燕国主要铸币。大抵分圆折、磬折两式。前者刀身连接柄处略呈弧形，一般通长12.8～13.5、宽1.6～1.9厘米，重14～19克。后者方折近磬形，一般通长12.4～13.3、宽1.5～1.7厘米，重12～18克。面文都模铸一个"叨（匽）"字。另有一种，"叨"字外笔方折下垂作"叼"，背文多为尖首刀的铸文，是尖首刀铸行地区接受"匽"刀面文后的新币。有的背文作"齐化"、"齐化共金"，当为适应燕齐贸易所铸。有的背文作"城白"，当为燕与中山国贸易的铸币（图一九）。1979年山东省莒县出土一匽刀砖范，下部已残去（图二○）。

甘丹与白人刀化

铸有地名"甘丹（邯郸）"与"白人（柏人）"的刀化，都是战国时期赵国的铸币。共同特征是体型直，或略有弧意，所以被称为"直刀"。圆首，一般柄面有二直纹，背平

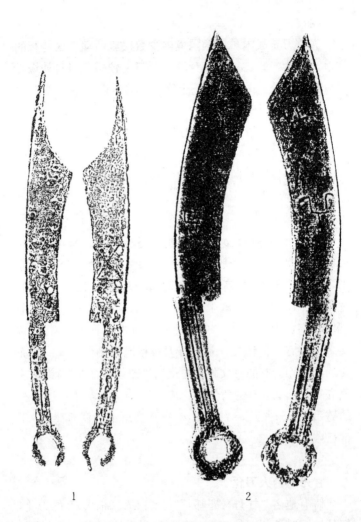

图一八 尖首刀 (3/4)

1. Ⅱ式（针首刀） 2. Ⅰ式

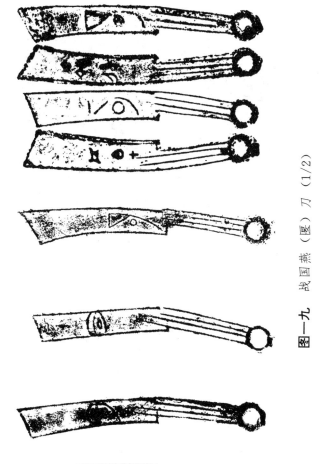

图一九　战国燕（匽）刀 (1/2)

21

图二〇　莒（籭）匽（燕）刀砖范（残）

素（"甘丹"刀化有的模铸背文）。通长 12.3～14.9、宽 1.1～1.6 厘米，重 10.2～13.2 克。

邯郸（今河北邯郸西南）是赵都。柏人（今河北隆尧）地处燕南赵北商业交通线上，故铸行刀化。已发现的有铸文作"白人化"、"白化"、"白"的刀化，都是柏人铸造的（图二一）。

城白与城白化

铸文作"城白"、"城白化"、"城"的刀化都是战国时中山国的铸币。近来中山国灵寿城址铸铜器作坊遗址西北角出土"城白"刀化残石范一件，可证（图二二）。

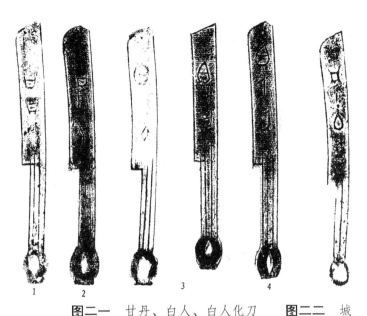

图二一 甘丹、白人、白人化刀 图二二 城
　　　　（1/2）　　　　　　　　　白刀（1/2）

1. 甘丹　2. 甘丹化　3. 白人　4. 白人化

蔺与圁阳刀化

　　铸有地名"蔺"（今山西省离石县南）、"圁阳"（今陕西省神木县东）的刀化是战国时赵国铸币，后世极少见。共同特征是圆首，刀体略呈弧形，大致仍为直刀型，所以被称为"小直刀"。面文纪地，背平素。外缘不断，柄间面背各有一直纹，或无纹。"蔺"字刀化通长11、宽1.1厘米，重8.2克。"圁阳"刀化大小轻重不一，大的通长9.2～10.3、宽0.92～1.2厘米。面文有"圁阳化"、"圁阳新化"、"圁化"、"圁半"四种（图二三）。

23

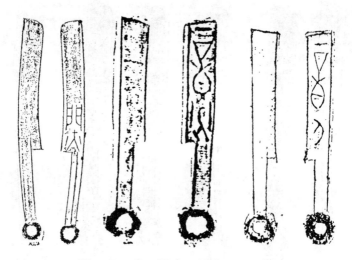

图二三　蔺、圜半、圜化刀 （1/2）

蚁鼻钱与鬼脸钱

"蚁鼻钱"、"鬼脸钱"都是约定俗成的称谓，它们是战国时期楚国铸行的铜贝化。共同特征是上狭下宽，面凸起，背平素，面上模铸阴文。

蚁鼻比喻微细，蚁鼻钱即小钱，是楚国有文铜贝的统称。蚁鼻钱的面文多作"𡧧"，释"桼"，即斋字，与资字通。今据1962年陕西咸阳长陵车站出土48枚此类铜贝化的实测数据，最大的长2.1、宽1.3厘米，重2.9～3.6克；最小的长1.6、宽0.9厘米，重1克。此外，蚁鼻钱面文尚有"𡧧○匕（桼当化）"、"全（金）"、"𠂤（群）"、"忻（釿）"、"仈（行）"、"𡩔（安）"等，均稀罕。

鬼脸钱，因铜贝形状、文字及穿孔作圜形，像一个丑

24

恶面孔而得名，"哭"是贝化二字的组合。据长陵车站出土 75 枚此类铜贝化的实测数据，最大的长 1.9、宽 1.3 厘米，重 3.4～4.1 克；最小的长 1.3、宽 0.7 厘米，重 0.6 克（图二四）。

圜钱

圜钱即圆钱，或称圜金。先秦时期的圜钱有两类：一类圆形圆孔，比较原始；一类圆形方孔，铸行较晚。

圜钱取象于璧环，或说取象于纺轮。它原是战国中、晚期秦国铸币的形式。这种币形首先影响到魏国。到战国末年，东方的齐国铸行圆形方孔的"赒化"钱，燕国铸行"郾"、"叩化"、"一化"等圜钱；赵国铸有"甘丹化"圜钱，极罕见。

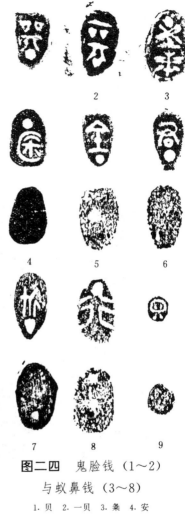

图二四 鬼脸钱（1～2）
与蚁鼻钱（3～8）

1. 贝 2. 一贝 3. 絫 4. 安
5. 金 6. 群 7. 钘 8. 行 9. 贝

25

珠重一两钱

珠即圜,凡物之圆者称珠。"珠重一两"即圜钱重一两。现存"珠重一两·十二"、"珠重一两·十三"、"珠重一两·十四"均为秦钱。钱文十二、十三、十四与纪重无关,当是纪年。钱圆孔,背平素,钱径3.6~3.9厘米,重13.1~15.6克(图二五)。

图二五　珠重一两钱

1. 珠重一两·一二　2. 珠重一两·一四

垣、共圜钱

垣（今山西垣曲东南）、共（今河南辉县境）都是魏邑，"垣"字、"共"字圜钱都是魏币。面无郭，背平素。据1958年河南洛阳宜洛铁路线董村出土128枚"垣"字圜钱实测的数据，钱径4～4.2厘米，重9.2～10.6克。又据1973年山西闻喜苍底村出土的700余枚"共"字圜钱实测的数据，钱径4.4～4.65厘米，重14.8～18.5克。

此外，"共屯（纯）赤金"、"共半釿"、"古"（苦城，今山西盐池东北）字等圜钱，也都是魏币（图二六）。

西周、东周与安臧圜钱

钱文作"西周"、"东周"、"安臧"的圜钱，都是战国晚期周王畿内受秦货币影响，或在秦占领下出现的秦式钱。圆孔（方孔者伪），面多有内外郭，背平素。安臧钱无郭。

"西周"圜钱：公元前441年周考王封其弟揭于河南城，称西周。此钱西周君铸。径2.6厘米，重3.8～4.2克。

"东周"圜钱：公元前367年西周惠公封其少子班于巩，称东周。此钱东周君铸。径2.5厘米，重4～4.5克。"东周"圜钱有大型的，径4.1厘米，面无内外郭，背平素。

"安臧"圜钱：据"安臧"空首布钱出土多在洛阳周王城及其附近，则"安臧"圜钱当铸在王畿内。1958年洛阳市郊董村出土一枚，钱无内外郭，背平素，径4.3厘米，重10.7克（图二七）。

漆垣一釿、漆圜一釿圜钱

漆本为魏邑，地在今陕西彬（邠）县，后入秦。漆圜

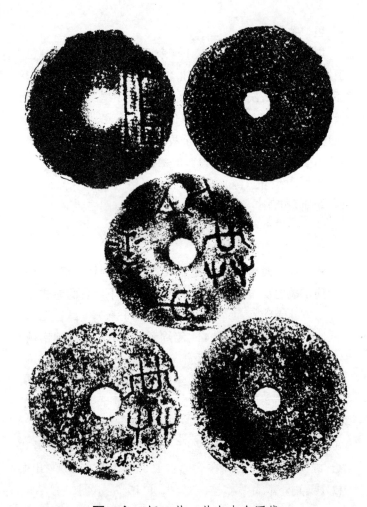

图二六　垣、共、共屯赤金圜钱

即桼垣。钌为布钱计量单位，亦为布钱名称。这是秦占领
魏桼垣以后出现的铸币。圆孔，面无内外郭，背平素。桼

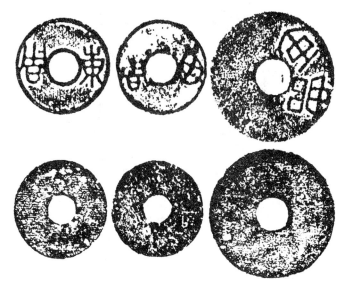

图二七　东周、西周、安臧圜钱

垣钱径3.5～3.8厘米，重12.4～15.7克。黍圜钱径3.5厘米，重11.45克。此外还有圜半，即黍圜半釿（图二八）。

蔺、离石、武安圜钱

蔺、离石（今山西河津南二里）、武安（今河南武安西南）本为赵邑，后入秦。标明这三处地名的圜钱都是秦占领后所铸。

"蔺"字圜钱有外郭，背平素，径3.5厘米，重11.2克。离石圜钱有外郭，背平素，径3.5厘米，重10.6克。武安圜钱无内外郭，背平素，径4.25厘米，重1.6克。

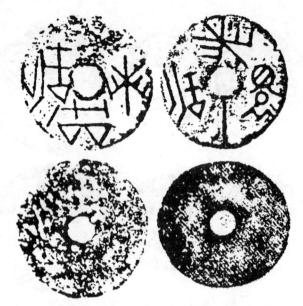

图二八　泰垣一釿、泰圜一釿圜钱

皮氏、济阴与平备圜钱

　　皮氏（今山西河津南二里）、济阴（今山西荣河境）、平备（即平原，今河南济源西北）三城本为魏邑，后入秦。标明这三处地名的圜钱都是秦占领后所铸。"济阴"或释"襄阴"，殆魏邑，待考。

　　三种圜钱均无内外郭，背平素。"皮氏"圜钱径3.95厘米，重9.38克。"济阴"圜钱径3～3.5厘米，重7～9.5克；有小型的，径2.6厘米，重量缺记，当为半釿圜钱。"平备"圜钱径3.65厘米，重9.2克（图二九）。

图二九 济阴圜钱

两甾、半两圜钱

都是秦钱，开始铸行当在战国中晚期。

钱文作"两甾"的圜钱方孔，一种有外郭，一种无外郭，背平素。"甾"即"锱"字省，一锱为六铢，两锱为十二铢，即半两。径2.9厘米，重7.8克。

钱文作"半两"的圜钱方孔，无内外郭，背平素。半两即两锱。《汉书·食货志》："秦兼天下，币为二等：黄金以溢为名，上币；铜钱质如周钱，文曰'半两'，重如其文。"但这不是说秦兼并天下以后始铸半两钱。1976年四川郫县战国墓出土1枚半两钱，径3厘米，重7克。1979年四川青川县秦昭襄王元年（前306年）战国墓出土7枚半两钱，1962年陕西长安县韦曲乡手帕张堡出土近千枚半两钱，也是战国秦钱（图三〇）。

文信、长安圜钱

文信圜钱是秦文信侯吕不韦在其封国河南城所铸。

图三〇　两甾、半两圜钱

1955年，河南洛阳河南城遗址出土一块文信圜钱残石范可

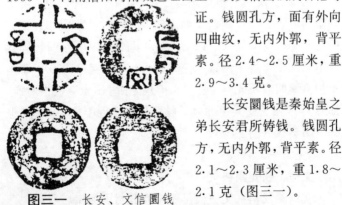

图三一　长安、文信圜钱

证。钱圆孔方，面有外向四曲纹，无内外郭，背平素。径2.4～2.5厘米，重2.9～3.4克。

长安圜钱是秦始皇之弟长安君所铸钱。钱圆孔方，无内外郭，背平素。径2.1～2.3厘米，重1.8～2.1克（图三一）。

賹化圜钱

賹化圜钱有"賹化"、"賹四化"、"賹六化"三种，是战国末年齐襄王复国后的铸币；或谓齐湣王时铸，待考。圜钱面有外郭，方孔，背平素。径分别为 2.2、2.9、3.5 厘米，重分别为 1.1～2.8，4.7～6.7，7.4～10.7 克。

"賹"字从益、贝，本为齐币专用字，表示齐刀初铸时币材重量为"益"（一把米的重量），又示币值为贝化廿朋。齐铸圜钱称"賹化"，表示与齐刀（齐法化）同值，四化值四枚，六化值六枚（图三二）。

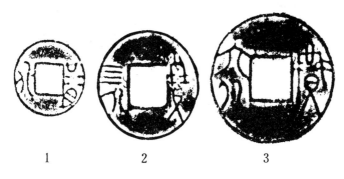

1   2   3

图三二　　賹化圜钱

1. 賹化　2. 賹四化　3. 賹六化

匽化、一化圜钱

战国末年的燕币。匽化圜钱面文作"叩化"，无内外郭，背平素。径约 2.55 厘米，重 2.6～3.5 克。一化圜钱面有内外郭，背平素（个别铸"吉"字），径 1.8～1.95 厘米，重 1.1～2.65 克。

此外，传世品有"彤"圜钱，旧谱称为"明四"，非是。

图三三　匽化、一化圜钱

1. 一化　2. 匽化　3. 匽彡

"彡"是刀柄纹，标示圜钱一枚与"〇化"等值。面无内外郭，背平素，径2.8厘米，重4.2～4.6克，颇稀罕（图三三）。

爰金

爰金，楚国的黄金铸币，有版状和饼状两类。爰是金币重量标度，也是币名；战国时期爰与镒、斤同级。已发现的爰金有郢爰、陈爰、肅（鈢）爰、专镪、卢金、鄟爰共六种（图三四）。

郢爰，楚国都铸金。郢爰即楚爰。1970年，安徽阜南

34

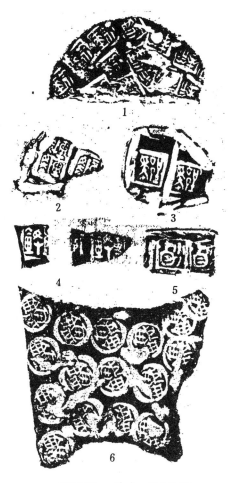

图三四 爰金（12/17）

1.郢爰 2.陈爰 3.郚爰 4.专锾 5.萧爰 6.卢金

35

三塔出土 3 件整版郢爰，分别钤打 17、18、19 个阴文方印，各重 280、263.36、262.25 克。1979 年，安徽寿县东津乡花园村出土整版郢爰，各钤打 22 个阴文方印，重 263.5、259.1 克。

陈爰，楚地方铸金。陈（今河南淮阳）为楚国大城。1972 年，陕西咸阳路家坡出土 8 件陈爰，版状 5，饼状 3，均完整，每件钤打阴文方印 10 至 17 个不等，重 230～260 克。

萧即蔡，旧释颍，非是。蔡本周王族封地，上蔡故城在今河南上蔡西南，下蔡故城在今安徽寿县北凤台县，都入楚版图。萧爰铸于上蔡或下蔡均有可能。

专镤，亦楚地方铸金。专即郫（今山东郯城东北）。战国时，楚的疆域"东裹郯邳"。

卢金，亦楚地方铸金。卢在今安徽庐江西舒城县境，或谓今湖北襄樊市西南。1979 年，安徽寿县东津乡花园村出土楚金 38 件，其中 4 件为整版卢金，各钤打 16、18、19、21 个阴文圆印，重 266.05、264.55、261.33、260.15 克。卢金或释"西（䣁）金"。

鄢爰，1980 年出土。鄢即阳翟（今河南禹县），曾为韩都，后入楚。或谓历阳（今安徽和县西三里），属楚。

二、秦汉钱币

秦半两钱

《史记·平准书·索隐》引《古今注》："秦钱半两，径一寸二分，重十二铢。"今见秦半两钱大小轻重不一，钱径一般 3.2～3.4 厘米，重 8 克左右。钱文突起而狭长，略具弧形。无内外郭，背平素。有重过 10 克以上，甚至重达 20 多克的，或说即《索隐》所载的"当百钱"（图三五）。

图三五　秦半两钱

汉半两钱

今所见汉半两钱有榆荚半两（"荚钱"）、八铢半两、四铢半两；又有铁钱（图三六）。

荚钱秦末已出现。汉初令民铸荚钱。大凡重不超过三铢的小半两钱称荚钱；一说减重特甚，形如榆荚，故称荚钱。荚钱大小轻重不一，有的钱径仅 0.9 厘米，重 0.4 克。

八铢半两钱，高后吕雉时铸。应劭解释八铢钱本为秦钱。按高后时八铢半两钱钱文字体扁平而短，已隶化；钱体较薄，径 2.7～3 厘米，重 4.8～5.3 克。

四铢半两钱，始铸于文帝前元五年（前 175 年）四月，至武帝元狩五年（前 118 年），其间除武帝曾铸行三铢钱外，四铢半两为这一阶段的"法钱"（标准铜铸币）。钱径一般 2.5～2.6 厘米，重 2.5～2.8 克。除个别例外及武帝时半两

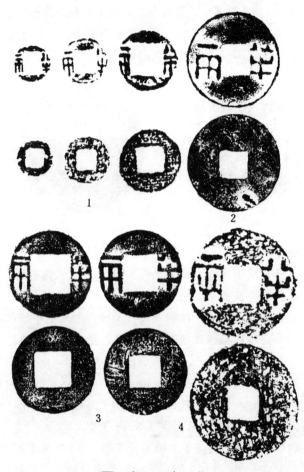

图三六 汉半两钱

1. 榆荚半两钱　2. 四铢半两钱（有郭）
3. 四铢半两钱（无郭）　4. 八铢半两钱

钱曾铸边郭外，均无内外郭，背平素。

三铢钱

西汉武帝建元元年至五年（前140～前136年）铸。钱文"三铢"二字，横读，有传形。钱径约2.2厘米，重1.8～2克。背平素。今见三铢钱分为有外郭及无外郭两种（图三七）。

图三七 汉三铢钱

麟趾与褭蹄金

西汉武帝时的黄金币。麟指麒麟；褭（niǎo）指"骠褭"，骏马名；蹄即蹄字。二者乃铸金为麟足形、马蹄形之谓。据《汉书·食货志》，武帝下诏铸造这两种金币，是出于协应祥瑞。前者作圆饼状，后者为椭圆、底凹、中空的马蹄状。1961年山西太原太堡西汉墓出土5件饼状金，上刻有"令止"（即麟趾）字样，径5～6.4厘米，重215～250克。1974年河南扶沟古城乡出土的褭蹄金，重约276克。

西汉五铢钱

西汉自武帝起，昭、宣、元、成、哀、平各帝均铸五铢钱。

今所见郡国五铢、赤仄五铢、上林三官五铢，均为武帝时铸。郡国初铸五铢外郭不净，留有毛刺。赤仄五铢亦称钟官赤仄，是加大名目价值的当五钱。"赤仄"即"光侧"，谓外郭整齐，钱色紫红。但外郭整齐的不一定都是赤仄五铢，此钱"五"字交笔较直。或谓即小五铢。三官五铢是专令上林三官（钟官、技巧、辨铜）所铸钱。

西汉五铢钱径2.5厘米，标准重量3.5克。"五铢"二字书体早、中、晚三期有所不同，大抵"五"字交笔由直而曲，"金"字头由"人"演变成"△"形，但"朱"字头均为方折。武帝时五铢钱"五"字交笔直或略曲，"金"字头呈"个"或"人"形，"金"与"朱"等齐。昭、宣时五铢钱"五"字交笔较弯曲，中间两笔和上下两画相接处略向内拢，"金"字头呈矢镞形，较小，"金"较"朱"为低，字画清晰，铸造整齐。元、成、哀、平时五铢钱"五"字交笔弯曲更甚，与上下两画相接处呈垂直状，"金"字头较小，呈矢镞形或等腰三角形，"金"较"朱"为低。西汉五铢钱面纹有的模铸横郭、半星、四决文，均始于武帝时期（图三八）。

西汉金五铢钱

西汉金五铢钱，孝武帝时铸。1980年陕西咸阳塬下出土。"五"字中间两笔弯曲，上下两横较长；"朱"字头上下两划均方折，穿上横郭。钱径2.6、穿径1.1厘米，重9克。含金量为95%。或谓孝武帝金五铢发现是我国金铸币形制的重大发展，待考。西汉金五铢当为厌胜品。若开炉、

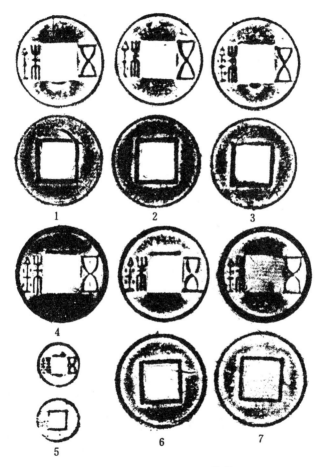

图三八　西汉五铢钱

1～5. 西汉早期五铢（1. 郡国五铢　4. 上林三官五铢

5. 小五铢即赤仄五铢）　6. 西汉中期五铢（昭宣五铢）　7. 西汉晚期五铢

41

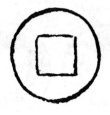

图三九 西汉金五铢钱

应端等,不得为正用钱。近年河南洛阳亦有发现(图三九)。

西汉小五铢钱

俗称"鸡目"、"鹅眼",言其形小。较大的径1.2厘米,重约0.7克;小的径1.15厘米,重0.62~0.65克。钱的形制及书体与西汉早期五铢相近,铸造工整。始铸时间不晚于西汉中期,殆即武帝赤仄五铢。图见三八:5。

错刀与契刀

王莽居摄二年(7年),下令更造错刀、契刀("契"字本作"栔")、大泉(即大泉五十),与原来的五铢钱共四品同时并行。错刀、契刀,上部环如大钱,下接身形如刀,青铜铸。错刀以黄金错环部"一刀"二字,刀身模铸阳文"平五千"三字,平五千即值五千(钱)。契刀环部铸"契刀",刀身铸"五百",即值五百。大泉值五十。错刀、契刀实测通长7.3厘米;错刀重20余克至40余克不等,契刀重约16.4克(图四〇)。

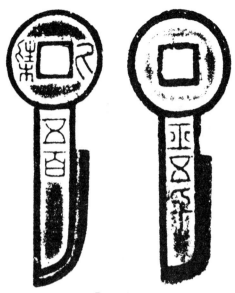

图四○ 错刀与契刀

六泉十布

王莽罢错刀、契刀、五铢钱，改行"宝货"，其中包括"六泉十布"。六泉即"泉货六品"：小泉、幺泉、幼泉、中泉、壮泉、大泉。十布即"布货十品"：小布、幺布、幼布、序布、差布、中布、壮布、弟布、次布、大布黄千（"黄千"即"衡千"、"当千"）。各品大小、轻重及币值依次递增，实则同一品，大小亦常有变化（图四一、四二）。

货布、货泉、布泉

王莽地皇元年（20 年），罢大小钱，另铸货泉和货布，二品并行。规定货泉钱径一寸（莽寸合 2.3 厘米），重五铢（铢重 0.67 克），枚值一；货布重二十五铢，值货泉二十五

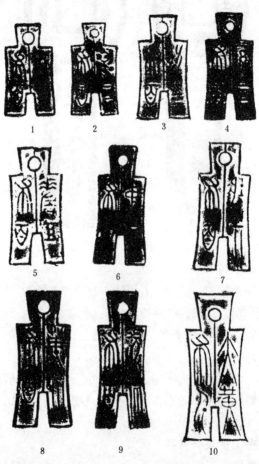

图四一　十布（7/10）

1. 小布一百　2. 幺布二百　3. 幼布三百　4. 序布四百　5. 差布五百
6. 中布六百　7. 壮布七百　8. 弟布八百　9. 次布九百　10. 大布黄千

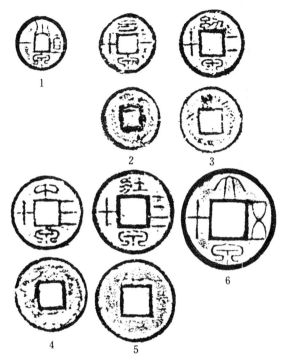

图四二　六泉

1. 小泉直一　2. 幺泉一十　3. 幼泉二十
4. 中泉三十　5. 壮泉四十　6. 大泉五十

枚。今所见货泉大小不一，有内外郭，又有面重轮、四决文、半星、星月及背四出文等。

另有布泉，钱文为悬针体，"泉"字直竖中断（莽钱多如此），亦有面内外郭、重轮及四决文，曾与大泉五十、货泉等钱同坑出土，古钱学家系于莽铸，可信。钱径2.5厘

45

图四三 货布、货泉、布泉

米，重约 3.4 克（图四三）。

更始五铢钱

刘玄建元更始后所铸。传世有更始二年（24 年）十月五铢钱铜范母。"五"字交笔弯曲，体较长；"金"字头呈等腰三角形，较大，"金"字四点排列整齐，"朱"字头圆折。钱径 2.5 厘米，重 3.5 克（图四四）。

＊窦融复行五铢钱

《后汉书·窦融列传》："及更始败，融与梁统等计议曰：'今天下扰乱，未知所归。河西斗绝在羌胡中，不同心戮力则不能自守。权钧力齐，复无以相率。当推一人为大将军，共全五郡（武威、张掖、酒泉、敦煌、金城），观时变动。'……乃推融行河西五郡大将军事。"据《居延汉简》载有"将军

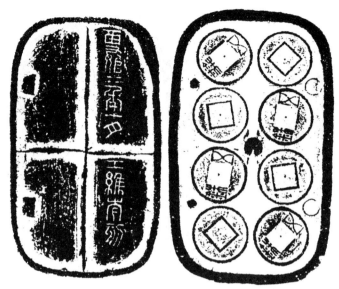

图四四 更始二年十月五铢钱铜范母（3/5）

使者（即大将军从事）、大宋（即张苞等）议，货钱古蕜
（恶）小萃（碎）不为用，改更旧制，设作五铢钱，欲使百
姓钱行未（殊）能……"。另简有："十一月丙戌，宣德将
军张掖太守苞长史丞旗，告督邮橡□□谒农都尉官□
……"。此为窦融等据河西五郡时事，按建武元年至四年
（25～28年）均有丙戌日，窦融设作五铢当在此四年中，较
光武帝建武十六年（40年）早些年。

东汉五铢钱

见于文献记载并有实物印证的东汉五铢钱有建武五
铢、四出五铢。

47

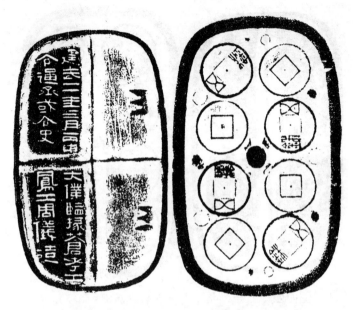

图四五 东汉建武十七年五铢钱铜范母 （3/5）

建武五铢钱始铸于东汉光武帝建武十六年（40 年）。传世有建武十七年五铢钱铜范母（图四五）。早期东汉五铢钱径2.5厘米，重3.4～3.5克。外郭较窄。"五"字交笔弯曲；"金"字头较西汉五铢为大，四点也较长，"朱"字头圆折，中间直笔两头较细。这是东汉五铢的显著特征。

四出五铢是东汉晚期灵帝时铸。钱幕从穿的四角各模铸一道线直抵外郭，外郭较宽。钱径2.5厘米，重3.3～3.5克。浇铸较草率（图四六）。

此外，东汉末年铸五铢小钱，字、郭模糊，故称"无文钱"（图四七）。

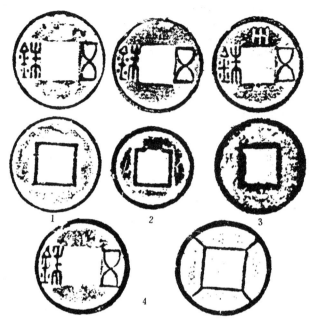

图四六　东汉五铢

1. 东汉早期五铢　2. 东汉中期五铢　3～4. 东汉晚期五铢

＊公孙述铸铁钱

公孙述字子阳，扶风茂陵人。更始二年（24年）自立为蜀王，都成都，明年四月，公孙述即皇帝位，号成家，建元龙兴。

建武六年（30年），地方政权公孙述在四川首铸铁钱。《四川通志》："公孙述以铁铸钱，二当铜钱一。"《后汉书·隗嚣、公孙述列传》："蜀中童谣言曰：'黄牛白腹，五铢当复。'"于是认为公孙述铸的是五铢钱。这只是推论。旧谱

49

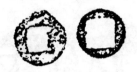

图四七　董卓无文小钱

所载的公孙述铁五铢钱，均为西汉型铁质五铢，不得定为公孙述所铸铁钱。公孙述始铸铁五铢，待考。

＊耿勋铸钱

关于东汉末年铸钱，甘肃成县西有《武都太守耿君碑》，刻于灵帝熹平三年（174年）四月，系摩崖。《武阶备志》载有全文。文有"汉武都太守右扶风茂陵耿讳勋字伯璋……又并故道铜官、铸作钱器，兴利无极"。按故县故城在今陕西凤县西北，接两当县境，两当在今甘肃两当县东北三十五里。

三、三国两晋南北朝钱币

魏五铢钱

三国时魏明帝复行五铢钱。钱径2.5厘米，重3.4～3.5克。"五"字交笔弯曲，"朱"字头圆折，外郭宽，字画肥（图四八）。

蜀直百五铢、直百、五铢钱

《三国志·蜀书·刘巴传》注引《零陵先贤传》曰："……（刘备）及拔成都，……军用不足，备甚忧之。巴曰：'易耳，但当铸直（值）百钱，平诸物贾（价），令吏为官

图四八　魏五铢钱

市。'备从之，数月之间，府库充实。"钱文"直百五铢"，
钱径 2.6～2.8 厘米，重 8～9.5 克。有的背面模铸阳文

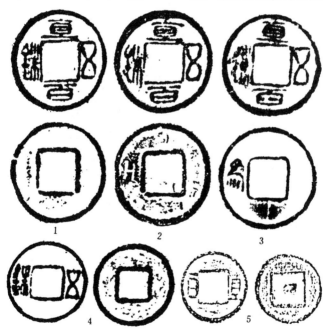

图四九　蜀钱（一）

1～3. 直百五铢　4. 五铢　5. 直百

"为"字，旧说益州犍为郡铸；或释"赇"字，赇即资财，从贝为声（图四九）。

直（值）百钱，后期蜀钱。"直百"即"直百五铢"省文，钱文"直百"二字横读，有传形。是一种不足值的劣币，大小轻重杂乱。大型的钱径1.6～1.9厘米，重1.3～1.5克；小型的钱径1.3厘米，重0.5克。

蜀五铢钱面有内外郭，体形较小而字画肥，径2.1厘米，重约2.5克，铜色发暗。

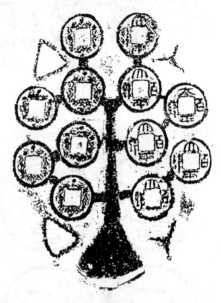

图五〇 太平百钱铜范母（1/2）

蜀钱多有背文或纹饰，如王字、带钩、三星等，或模铸，或镂刻，多阴文。

1973年江苏丹徒出土的东晋窖藏铜钱及1979年四川威远出土的钱币中，都见蜀五铢与直百五铢同出。

蜀太平百钱、定平一百钱

"太平百钱"，旧说西晋赵廞据成都建元太平（300～301年）时铸，或谓东汉末年张鲁据汉中时铸，又有吴钱、蜀

52

钱等说。1980年四川成都西门外出土"太平百钱"范（图五〇），说明此钱铸于蜀都。所见大小不一，亦如蜀钱。钱文四字顺读，"太"字或作"大"，"钱"字或作"金"。背多模铸水波纹。一般钱径2.5厘米，重3.25克。

定平一百钱，旧说晋十六国时期李雄据蜀立大成国建元晏平（306～310年）时铸，非是。钱型类似小型太平百钱，出土集中在四川，应是蜀钱。钱径1.25厘米，重0.65～0.7克（图五一）。

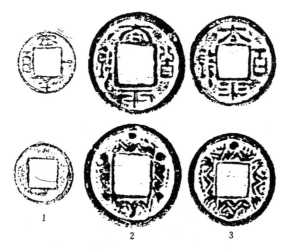

图五一　蜀钱（二）

1. 定平一百　2～3. 太平百钱

吴大泉五百、大泉当千钱

《三国志·吴书·吴主传》："（嘉禾）五年（236年）春，铸大钱，一当五百。"钱文"大泉五百"，顺读。面背有内

53

外郭。今所见大小不等，一般钱径 2.9 厘米，重 7 克。

同书载："赤乌元年（238 年）春，铸当千大钱。"钱文"大泉当千"，回读。面背有内外郭。今所见大小亦不等，一般钱径 3.8 厘米，重约 14.5 克；小者径 2.5 厘米，重 3.6 克（图五二）。

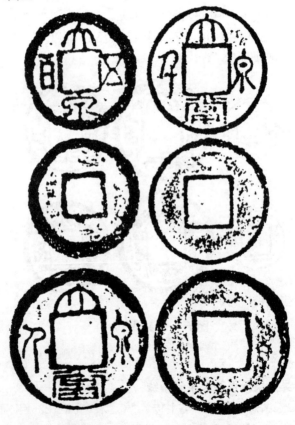

图五二　大泉五百、大泉当千

此外，有"大泉二千"、"大泉五千"两种，史志不载。大泉二千钱近年尚有少数出土，而大泉五千钱仅有两枚传世，均在浙江发现（图五三）。

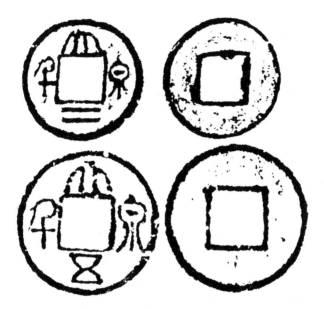

图五三　大泉二千、大泉五千

丰货钱、汉兴钱

晋十六国时期石勒于襄国（今河北邢台）称王，建后赵（319～350年），铸钱名"丰货"。钱文二字横读。面或有内郭，或无内郭。钱径2.4厘米，重2.1～2.75克。

汉兴钱，晋十六国时期李寿改大成国号为汉并改元汉兴（338～343年）时铸。钱文"汉兴"二字，有直读、横读两种。钱径1.67厘米，重0.7～1.1克（图五四）。

东晋"沈郎"五铢钱

《晋书·食货志》："晋自中原丧乱，元帝过江，用孙氏旧钱，轻重杂行，大者谓之比轮，中者谓之四文。吴兴沈充又铸小钱，谓之'沈郎钱'。"钱文"五朱"二字横读，有传形。面有外郭。钱径1.9厘米，重约1.15克。但传世"五朱"钱不得均定为"沈郎钱"。近年东汉末期墓亦出"五朱"钱，又西汉小五铢钱（俗称"鸡目"）亦有"五朱"文者。传世又有"五金"钱，径1.9厘米，重1克，与"五朱"钱近似，多传形（图五五）。

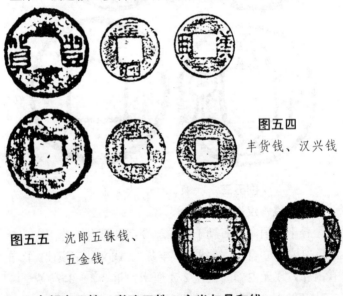

图五四
丰货钱、汉兴钱

图五五　　沈郎五铢钱、
　　　　　五金钱

南朝宋四铢、孝建四铢、永光与景和钱

南朝宋文帝元嘉七年（430年）铸四铢钱。钱文"四铢"，横读。钱径2.2厘米，重2～2.2克。

56

宋孝武帝孝建元年（454 年）更铸四铢钱。面文"孝建"，背文"四铢"，横读。钱径 2.2 厘米，重 2.8 克。其后削去背文"四铢"二字，专留面文，并愈铸愈小，有的径仅 1.6 厘米，重 0.6 克。

《宋书·前废帝纪》："永光元年（465 年）春……二月……庚寅，铸二铢钱"。钱文"永光"，横读。实测径 1.6 厘米，重 1.05 克。又景和元年（465 年）秋九月戊午，"开百姓铸钱"。钱文"景和"，与永光钱同，亦为二铢钱，均罕见（图五六）。

*大明四铢钱

南朝宋孝武帝大明元年（457 年）铸，1988 年江苏常州武进地区发现。径 2.24、穿 0.89、外厚 0.10 厘米；重 2.02 克。"大明"二字系小篆，笔画粗细上下一致。个别方折，基本上是用圆弧过渡。该钱铸期不足三月。极罕见（图五六：6）。

南朝梁五铢、公式女钱、两柱五铢、四柱五铢钱

《隋书·食货志》："梁初，唯京师及三吴、荆、郢、江、湘、梁、益用钱。其余州郡，则杂以谷帛交易。交、广之域，全以金银为货。（梁）武帝乃铸钱，肉好周郭，文曰'五铢'，重如其文。而又别铸，除其肉郭，谓之女钱。二品并行。"梁五铢钱面背均有内外郭，钱文书体近玉箸篆，铸造工整。钱径 2.4 厘米，重约 3.4 克。"女钱"即"细钱"，世称"公式女钱"即官铸小钱。公式女钱实以磨边或凿边五

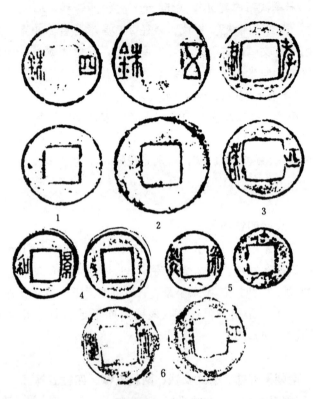

图五六　宋　钱

1. 四铢　2. 五铢　3. 孝建四铢　4. 景和　5. 永光　6. 大明四铢

铢为模式，钱文"五铢"，或不全，边亦无郭。钱径 2～2.1 厘米，重 1.4～1.6 克。

梁元帝承圣年间（552～555 年）铸五铢钱，面穿上下或背穿上下或右右有二星，故曰"两柱五铢"。

梁敬帝太平二年（557 年）铸五铢钱，面穿上下或背穿上下共铸四星点，故称"四柱五铢"。钱径2.3厘米，重2.3克，色发暗。五铢钱模铸星点源于西汉，而此钱与西汉五铢迥异（图五七）。

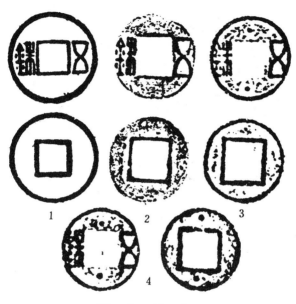

图五七 梁 钱

1. 五铢钱 2. 公式女钱 3. 两柱五铢钱 4. 四柱五铢钱

南朝陈五铢、太货六铢钱

南朝陈文帝天嘉三年（562年）铸五铢钱。"五"字如一对三角形顶角相抵，"金"小于"朱"，"朱"字头圆折。外郭较宽。钱径2.35厘米，重3.35克。

陈宣帝太建十一年（579年）"初用太货六铢钱"，与五铢并行，一当五铢钱十，后减为当一钱。钱文"太货六铢”，顺读。面背有内外郭，铸造工整。钱径 2.5 厘米，重 3 克（图五八）。

北朝太和五铢、永安五铢钱

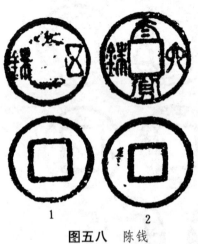

图五八　陈钱
1. 五铢　2. 太货六铢

《魏书·食货志》："魏初至于（孝文帝）太和，钱货无所周流，……（太和）十九年（495 年）冶铸粗备，文曰'太和五铢'，诏京师及诸州镇皆通行之。……民有欲铸，听就铸之。铜必精炼，无所和杂。"传世太和五铢钱大小精粗不一，一般钱径 2.5 厘米，重 3.4 克；小者径 2 厘米，重 2.6 克。

同书载："至（孝庄帝）永安二年（529 年）秋，诏更改铸，文曰'永安五铢'。"今所见永安五铢钱一般钱径 2.2～2.3 厘米，重 2.9～3 克；小者径 1.8 厘米，重 2 克（图五九）。

北周布泉、五行大布、永通万国钱

《周书·武帝纪》："（保定）元年（561 年）……更铸钱，文曰'布泉'，以一当五，与五铢并行。"此钱外郭隆起整齐，钱文玉筋篆书体，"泉"字中竖不断，与王莽布泉钱文用悬针篆而断其中竖迥异。钱径2.5厘米，重4.3克。又"（建德）三年（574年）……更铸'五行大布'钱，以一当十，与布泉钱并行"。今见此钱大小不一，一般钱径2.5厘米，重4.3克；小者径2.3厘米，重2.1克。

《周书·宣帝纪》："（大象）元年（579年）……初铸

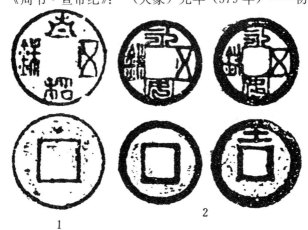

图五九 北魏五铢

1. 太和 2. 永安

图六〇 北周钱

1. 布泉 2. 五行大布 3. 永通万国

永通万国钱，以一当十，与五行大布并行。"或谓静帝铸。此钱大小不一，又有阔边及铅钱等。一般径3厘米，重6.1克（图六〇）。

北齐常平五铢钱

北齐文宣帝高洋天保年间（550～559年）铸。《北史·齐本纪》："（齐文宣帝）天保四年春正月己丑，铸新钱，文曰'常平五铢'，重如其文，其钱甚贵，且制造甚精。"《隋书·食货志》："至乾明、皇建之间，往往私铸。邺中用钱，有赤熟、青熟、细眉、赤生之异，至于齐亡，卒不能禁。"钱文书法为玉箸篆。直读，"平"字上笔接郭。今见"常平五铢"，虽大小不一，制作颇精，钱径一般2.5厘米，重3.4～3.6克。传世有背四决文小型常平五铢及星月压胜钱等，当为私铸或后铸。1973年，山西祁县百圭镇北齐骠骑大将军、青州刺史韩裔墓出土贴金"常平五铢"钱四枚；1979年4月，山东博兴县陈广公社出土"常平五铢"6.25公斤；山东辛店北朝崔氏墓出土"常平五铢"一批，铸造均精（图六一）。

图六一　北齐常平五铢　　　图六二　高昌吉利钱

高昌吉利钱

高昌吉利钱，1928年新疆吐鲁番曾出土1枚。1973年吐鲁番阿斯塔那唐贞观十六年（642年）高昌国张悦妻麹文姿墓中又有发现，出土时压在死者身下，因肯定此钱铸于麹氏高昌国（499～640年）。钱文"高昌吉利"，书体方笔隶书。右旋读，背无文，存北魏钱气韵。钱径2.6、厚0.38厘米，重12.5克。陕西西安何家村唐代窖藏中亦有发现（图六二）。

四、隋唐五代钱币

隋五铢钱

《隋书·食货志》："高祖既受周禅，以天下钱货轻重不等，及更铸新钱。背面肉好，皆有周郭，文曰'五铢'，而重如其文。"《新唐书·食货志》称"隋末行五铢白钱。"因币材配剂铅量增加，钱色发白，故称"白钱"。隋五铢边郭较阔，"五"字交笔直，近穿处有一道竖画。标

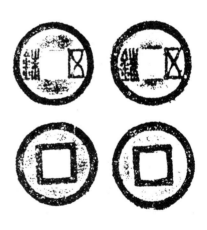

图六三　隋五铢钱

准隋五铢钱一般径2.5厘米，重3.4克；小型隋五铢钱径

2.3厘米，重2.25克（图六三）。

唐开元通宝钱

唐高祖始铸。《旧唐书·食货志》："高祖即位，仍用隋之五铢钱。武德四年（621年）七月，废五铢钱，行开元通宝钱，径八分，重二铢四絫，积十文重一两，一千文重六斤四两。""初，开元钱之文，给事中欧阳询制词及书，时称其工。其字含八分及隶体，其词先上后下，次左后右读之。自上及左回环读之，其义亦通"（按：钱文直读作"开元通宝"，回读作"开通元宝"）。终唐之世，以铸开元钱为主。

早期开元钱轮廓深峻，面文精美。"元"字第二笔左挑。钱背初铸无纹饰，稍后有月纹。钱径2.4厘米，重3.6克。

中期开元钱轮廓如早期。钱文"元"、"通"、"宝"三字不相匀称，"元"字有左、右挑及双挑，"宝"字较小。背多月纹，间有星纹或星月纹。钱径及重量亦同早期。

后期开元钱边郭较阔，铸造草率，多有错范，大小不一。钱径约为2.3厘米，重3.3～3.4克（图六四）。

开元通宝金银钱

1970年，陕西西安南郊何家村出土唐代窖藏文物千余件，内有"开元通宝"金钱60枚，径2.4、穿0.6、厚0.16厘米，重8.5克。"开元通宝"银钱421枚，径2.5、穿0.7、厚0.15厘米，重6克。钱文书法形制与唐初开元钱相同（图六五）。

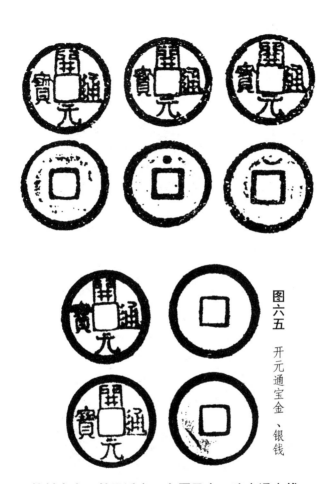

图六四　唐开元通宝钱

图六五　开元通宝金、银钱

乾封泉宝、乾元重宝、大历元宝、建中通宝钱

唐高宗乾封（666～668年）、肃宗乾元（758～760年）、代宗大历（766～779年）、德宗建中（780～783年）时铸。"乾封泉宝"钱"以一当旧钱之十"（《新唐书·食

65

货志》)。钱径 2.5 厘米，重 3.3~3.5 克。"乾元重宝"钱"与开元通宝参用，以一当十，亦号'乾元当十钱'"(同上书)。钱径 2.7 厘米，重约 10.2 克。又有重轮"乾元重宝"，"背之外郭为重轮，……与开元通宝钱并行，以一当

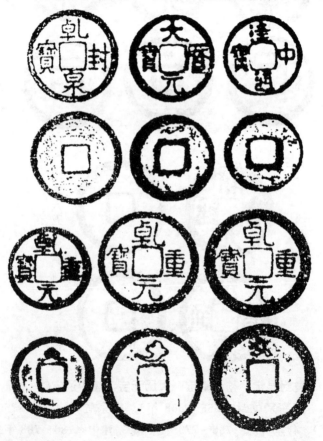

图六六　乾封泉宝、大历元宝、建中通宝、乾元重宝

五十"（同上书）。钱径3.5厘米，重12.3克。重轮有特小者，系私铸。"大历元宝"钱径2.3厘米，重3克。"建中通宝"钱径2.1厘米，重1.8～2克（图六六）。

当十开元、会昌开元钱

《新唐书·食货志》："（德宗建中初）判度支赵赞采连州（今广东连县）白铜铸大钱，一当十，以权轻重。"此钱文字轮廓取初唐开元而放大，"元"字只见左挑。钱径2.9厘米，重5.86克。

同上书："及武宗废浮屠法，永平监官李郁彦请以铜像、钟、磬、炉、铎皆归巡院，……许诸道观察使皆得置钱坊。淮南节度使李绅请天下以州名铸钱，京师为京钱，大小径寸，如开元通宝。"武宗年号会昌，故称"会昌开元"钱。今所见钱背有昌（年号，节度使李绅铸）、京（京兆府）、洛（洛阳）、益（西州）、梓（东川）、蓝（蓝田）、襄（襄州）、荆（江陵）、越（越州）、宣（宣州）、洪（江西）、潭（湖南）、兖（兖州）、润（浙西）、鄂（鄂州）、平（平州）、兴（兴元府）、梁（梁州）、广（广州）、福（福州）、丹（丹州）、桂（桂阳）字，共22种。大小轻重不一，一般径2.3厘米，重3.4～3.5克。此外传世品中有"永"字一种，近又发现"清"字一枚，均罕见（图六七）。

＊咸通玄宝钱

翁宜泉《古泉汇考》："旧谱，唐咸通十一年（870年），桂阳监铸钱官王彤进新铸钱，文曰'咸通玄宝'。寻有敕停

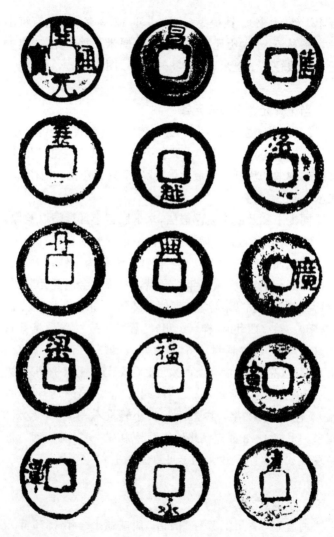

图六七 会昌开元

废不行。"钱文为八分书，直读。背素（图六八）。

得壹元宝、顺天元宝钱

唐安史之乱时，史思明铸。《新唐书·食货志》："史思明据东都（今河南洛阳），亦铸'得壹元宝'钱，径一寸四

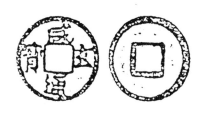

图六八 咸通玄宝

图六九

得壹元宝、顺天元宝

分，以一当开元通宝之百。"此钱背多有月纹。实测钱径3.6厘米，重12.5克。

同书又载："（史思明）既而恶'得壹'非长祚之兆，改其文曰'顺天元宝'。"钱背亦有月纹或星月纹。一般钱径3.6厘米，重18克；又有大型者，径3.9厘米，重21.5克（图六九）。

唐金银

唐代货币以铜钱为主，但钱货（绢帛等）并用，金银同具货币职能。金银多铸成铤状或饼状。

1979年山西平鲁屯军沟出土唐金银铤82件，金饼4件。铤基本为长条形，长8～18.6、宽1.1～5.9、厚0.5～1.1厘米，重65～1091.22克不等。部分有錾刻铭文。一铤铭文作"乾元元年岁僧钱两金贰拾两"。乾元为唐肃宗年号。

1956年陕西西安市东北郊出土4件银铤，刻铭表明系唐天宝年间杨国忠等进奉之物。其中一件刻"宣城郡和市银壹铤伍拾两"，长32、宽7.3、厚1厘米；另一件刻"天宝十载正月□日税山银一铤五十两"，长31、宽7、厚1厘米。1970年河南洛阳出土唐银，有银铤和银饼。银饼形状不规则，径最长处为14厘米。面文阴刻"贰拾叁两"，实测重940克。

五代开平通宝、开平元宝钱

开平为五代后梁太祖朱晃（温）的第一个年号（907～910年）。后梁铸钱，史志失载。今所见"开平通宝"钱，径

约 3.45 厘米；又有"开平元宝"大钱，径约 4 厘米（图七
〇）。

天成元宝、清泰元宝钱

天成为五代后唐明宗李嗣的第一个年号（926～929
年）。后唐铸钱，史亦不载。今所见"天成元宝"钱，
"元"字左挑，钱径 2.3 厘米，重 3.35 克，罕见。又有
"清泰元宝"钱，径 3.3 厘米。按清泰为后唐末帝李从珂年
号（图七一）。

天福元宝、助国元宝、壮国元宝钱

"天福元宝"钱为五代后晋高祖石敬瑭时铸。《旧五代
史·晋高祖纪》：天福三年（938 年）十一月癸亥，"诏许天
下私铸钱，以'天福元宝'为文"。今所见大小不一，一般
钱径 2.2 厘米，重 1.7 克。

《新五代史·晋本纪》："（天福二年）夏四月辛卯，宣
武军节度使杨光远铸'助国'钱。"实测"助国元宝"钱径
2.3 厘米，重 2.6 克。

又有"壮国元宝"钱，钱文"壮"字作"牡"，与"助
国元宝"钱形制、书体相同。或谓两钱实为辽道宗大安三
年（1087 年）五月庚申，海云佛寺助钱千万时所铸少量厌
胜采钱，故罕见（图七二）。

汉元通宝钱

五代后汉隐帝刘承祐时铸。《续通典·食货》："刘隐时，

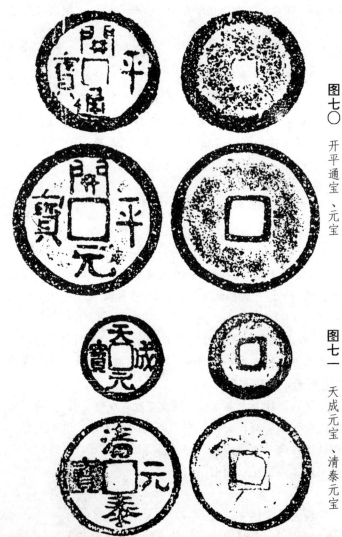

图七〇　开平通宝、元宝

图七一　天成元宝、清泰元宝

72

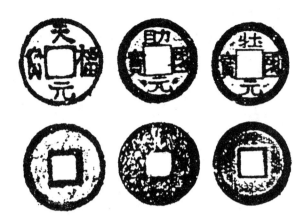

图七二　天福元宝、助国元宝、壮国元宝

三司使王章……请在京置炉铸钱。"实测"汉元通宝"钱径
2.3厘米，重3.4克，背多有星月纹（图七三）。

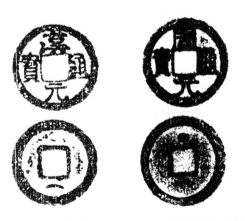

图七三　汉元通宝　　　　图七四　周元通宝

周元通宝钱

五代后周所铸钱。《新五代史·周世宗本纪》："（世宗）即位之明年（955年），废天下佛寺三千三百三十六（《旧五代史》谓废寺三万三千三百三十六）。是时中国乏钱，乃诏悉毁天下铜佛像以铸钱。"钱文"周元通宝"，直读，阔郭，铸造工整。钱径2.4～2.5厘米，重3.5～3.6克。背多月纹或星月纹（图七四）。

永平、通正、天汉、光天、乾德、咸康元宝钱

永平、通正、天汉、光天为五代十国时期前蜀王建所用年号（911～918年）。"永平元宝"钱径2.3厘米，重2.8克。"通正元宝"、"天汉元宝"、"光天元宝"钱略同，后者有铁钱。

乾德、咸康为前蜀王衍所用年号（919～933年）。"乾德元宝"钱径2.4厘米，重3克；有铁钱。"咸康元宝"钱径2.3厘米，重3.2克；背间有月纹。

闽开元通宝钱

五代十国时期闽国所铸钱，以"开元通宝"为文。传世有大、小二种，均罕见。大钱用铜、铅、铁铸，钱文书体兼真隶；小平钱用铜、铅铸。大铜钱最稀罕，径4厘米，重22.5克；背穿上模铸巨星纹。其余大钱径略同，重或达28.1克；背穿上另见模铸"闽"字、"殷"字，下有仰月纹。小平铅钱径2.3厘米，重约2.5克；背穿上模铸"闽"字，又有"福"字、"殷"字（图七五）。

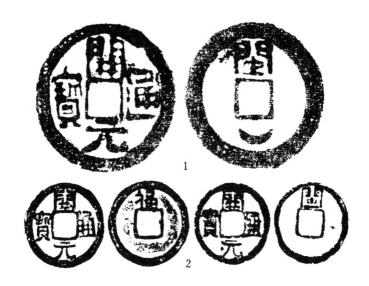

图七五 闽开元通宝

1. 大铁钱 2. 小铅钱

永隆通宝、天德通宝、天德重宝钱

《新五代史·闽世家》记闽国王曦"改元永隆（939年），铸大铁钱，以一当十"。《十国纪年·闽史》系此钱于永隆四年八月，并谓"一当铅钱百"。钱文"永隆通宝"，径4厘米，重25克。背穿上铸"闽"字，穿下有月纹。按"永隆通宝"并有大铜钱。

《十国纪年·闽史》记闽国王延政天德二年（944年）"铸'天德通宝'大铁钱，一当百"。按"天德通宝"并有大铜钱，而大铁钱未见真品传世。另有"天德重宝"大铜钱，径3厘米，背穿上有"殷"字（图七六）。

图七六　天德重宝（背殷）

天策府宝、乾封泉宝钱

五代十国时期楚国马殷铸。马殷据湖南八州地，建天
策府，铸"天策府宝"钱，有铜、铁两种，铜钱罕见。今实
测铁钱径3.8厘米，重32.6克。湖南长沙五代墓多有出土
（图七七）。

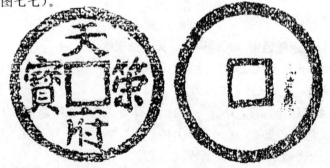

图七七　天策府宝（大铜钱）

《十国纪年·楚史》："马殷始铸铅、铁钱，行于城中；
城外即用铜钱。……高郁请铸铁钱，围六寸，文曰'乾封
泉宝'，以一当十。"今所见有铜、铁两种。铜钱背模铸

"天"或"天府"。铁钱径一般 3.8 厘米，重 21.7～32 克不等，背模铸"天"、"策"、"天策"或"天府"（图七八）。

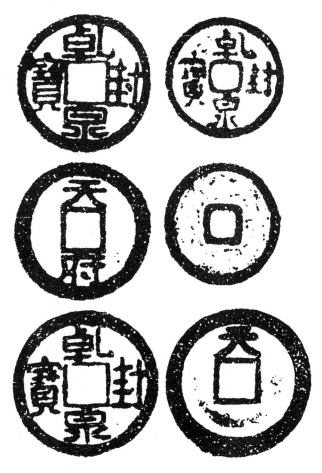

图七八　乾封泉宝（大铁钱）

广政通宝、大蜀通宝钱

广政为五代十国时期后蜀孟昶年号（938～965年）。今所见"广政通宝"钱有铜、铁两种，铜钱当铸在铁钱之前。铜钱径2.4厘米，重3.5克。

"大蜀通宝"钱，古钱学家依形制、书体系于孟昶铸。钱径2.4厘米，重3.5克。

大齐通宝、永通泉货、保大元宝、唐国通宝、大唐通宝钱

五代十国南唐所铸钱。937年徐知诰废吴帝杨溥，建国号大齐，铸"大齐通宝"钱，旧说此钱为黄巢铸，非是。徐知诰旋改姓名为李昪，改国号为唐，史称南唐。其余诸钱均南唐元宗（中主）李璟时所铸。

"永通泉货"大铜钱，元宗李璟交泰二年（959年）铸，以一当十，与南唐开元钱等并行。制作精良，边郭挺拔，铜色偏白。钱文书体有篆、隶两种，字健美。直读。隶书钱径一般3.7厘米，重14.5克；篆书钱形较小。并有铁钱。该钱仅铸半年，罕见。

"保大元宝"钱，十国南唐李璟保大年间（943～957年）铸。王圻《稗史汇编》有载。该钱形制、书体如永通泉货，文字秀劲，楷书含隶意。右旋读。制作浑重，有铜、铁两种。背穿上有"天"字。罕见（图七九）。

"唐国通宝"钱钱文有篆、隶、真三体。篆书钱径2.5厘米，重4.2克。有大型篆书钱，径3厘米，重9.25克。隶书钱径2.4厘米，重3克；背穿上模铸星纹。真书钱与

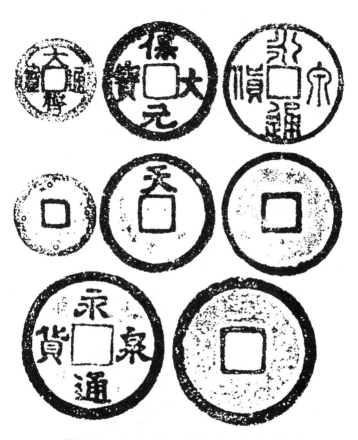

图七九 大齐通宝、保大元宝、永通泉货

隶书钱相等，为"对钱"。

《十国春秋·南唐史》："元宗又铸大唐通宝，与唐国钱通用"（图八〇）。

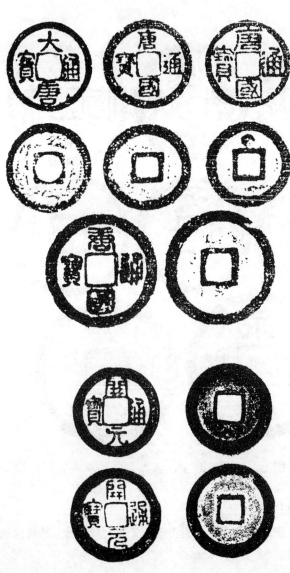

图八〇　唐国通宝、大唐通宝

图八一　开元通宝〈对钱〉

南唐开元通宝钱

十国时期南唐所铸。陶岳《货泉录》:"(南唐)元宗时,韩熙载上疏,请以铁为钱。其钱之大小一如开元通宝,文亦如之。徐铉篆其文。"今所见南唐"开元通宝"为铜钱,钱文有篆、隶两种,字小,郭阔,铸造甚精。篆、隶两种为"对钱"。一般钱径 2.4~2.5 厘米,重约 3.1~3.5 克(图八一)。

乾亨重宝、乾亨通宝钱

乾亨为五代十国时期南汉刘龑年号(917~924 年)。今所见"乾亨重宝"钱有铜、铅两种。铅钱大小不一,背穿上多模铸"邕"(今广西南宁)字。实测钱径 2.35 厘米,重 3.8 克。铜钱背无文,径 2.35 厘米,重 3.7 克。又有"乾亨通宝",颇稀罕(图八二)。

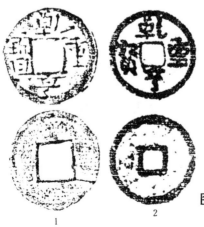

图八二　乾亨重宝

1. 铅钱　2. 铜钱

1

2

永安钱与应天元宝、应圣元宝、乾元重宝钱

五代刘守光铸。或谓"永安"钱刘仁恭铸，"应天元宝"钱刘守光铸。或读"永安"为"安永"，系此钱于安禄山。按此等钱出土于居庸关附近大王山（即大安山）。《新五代史·刘守光传》："（仁恭）令燕人用墐土为钱，悉敛铜钱，凿（大安）山而藏之。"但未记刘仁恭铸钱。仁恭被其子守光幽禁后，"守光……以（后）梁乾化元年（911年）八月自号大燕皇帝，改元曰应天"。今所见永安钱值分一十、一百、五百、一千四等；铁钱多，铜钱稀罕（图八三）。应天元宝钱背"万"，应圣元宝钱背"拾"，乾元重宝钱背"百"，铜质（图八四）。

＊顺天元宝钱（铜）

顺天元宝（铜）右旋读；背穿上月纹，下"十"字，刘仁恭铸。径2.9、边厚0.23厘米，重8.4克，青铜质，制铸较粗糙，文字古朴，片形敦厚。其铸造年代约公元907～911年。1990年11月，北京古钱币商店鉴选古钱时发现。按：刘仁恭据幽州，除令百姓行泥钱，又铸行一批大面额劣质铁钱，如顺天元宝，背"百"、"千"，货布背"三百"，隋式五铢等，永安钱亦以铁质为多。顺天元宝（铜）实属创见品（图八五）。

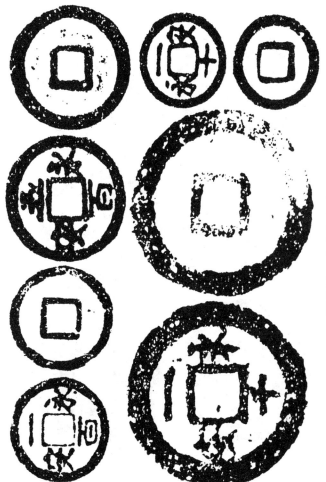

图八三　永安钱（4/5）

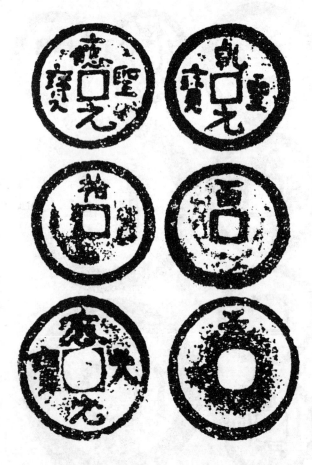

图八四 应圣元宝、乾元重宝、应天元宝

图八五 顺天元宝

五、宋西夏辽金元钱币

宋元通宝钱

宋代的开国钱币。《宋史·食货志》："太祖初铸钱，文曰'宋通元宝'。"《续资治通鉴》系于建隆元年（960年）十二月。钱文亦直读为"宋元通宝"。书体仿八分。阔郭，背多有星、月纹，广穿者少见。径2.6厘米，重3.4克。系铁范铜钱。又有铁钱（图八六）。

宋代钱品种繁多，但铸造较精。

太平通宝、淳化元宝、至道元宝、应感通宝、应运元宝钱

宋太宗太平兴国、淳化、至道年间（976～997年）所铸钱。"太平通宝"钱文书体楷兼八分，背间有星、月纹。径2.5厘米，重3.4克。有大铁钱。"淳化元宝"钱由太宗书写钱文，分真、行、草三体，钱文用草书自此始。钱径

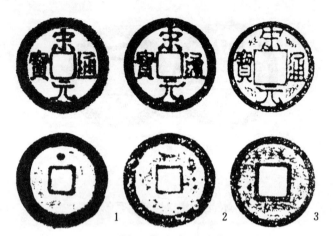

图八六 宋通元宝

1. 左挑元　2. 右挑元　3. 广穿

2.5厘米，重3.7克。"至道元宝"钱史志记载不详，今所见钱文亦有真、行、草三体，大小轻重与淳化元宝钱同。

宋淳化五年（994年），李顺率四川农民军攻克成都，称大蜀王，建元应运。1939年，四川简阳胡家场出土唐宋古钱数千，内有应运元宝、应运通宝、应感通宝钱各一枚，均铁钱，应即李顺所铸。殆建元应运在前，改元应感在后。应感通宝有铜、铁两种（图八七）。

咸平、景德、祥符、天禧元宝、通宝钱

宋真宗咸平、景德、大中祥符、天禧年间（998～1021年）所铸钱。"咸平元宝"为铁钱，以十当铜钱一。钱径2.5厘米，重3.7克。"景德元宝"铜钱径2.5厘米，重3.7克。又有大铜钱及大小铁钱。"祥符元宝"、"祥符通宝"铜钱径

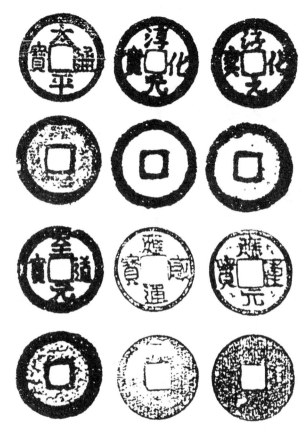

图八七 太平、淳化、至道、应感、应运元宝、通宝

2.5厘米，重3.4～4克。亦有大小铁钱。"天禧通宝"铜钱
径2.5厘米，重3.8克。亦有铁钱。以上诸品钱文均为真
书。1956年四川安县、金堂两地出土两宋铁钱中有祥符、天
禧钱（图八八）。

天圣、明道、景祐、皇宋、康定、庆历、至和、嘉祐元宝、通宝、重宝钱与治平元宝、通宝钱

宋仁宗天圣、明道、景祐、宝元、康定、庆历、至和、嘉祐年间（1023～1063年）及英宗治平时（1064～1067年）所铸钱。"天圣元宝"铜钱有篆、真书体对钱，径2.5厘米，重3.7克。有铁钱。"明道元宝"钱书体同上，径2.5厘米，重3.9克。"景祐元宝"钱书体亦同上，径2.5厘米，重3.7克。宝元年间所铸钱以"皇宋通宝"为文，书体分真、篆，径2.5厘米，重3.7克。有铁钱（图八九）。"康定元宝"仅见小平铁钱，径2.2厘米，重3.5克。

图八八　咸平、景德、祥符、天禧元宝、通宝

"庆历重宝"钱今所见大小不一，一般钱径3厘米，重6.6～7克。至和钱有元宝、通宝、重宝三种，书体分真、篆。元宝、通宝钱径2.4厘米，重3.4克。重宝钱文真书，一般径3.3厘米，重9.4克；以背穿上模铸"虢"、"坊"、"同"字者为难得（图九〇）。嘉祐钱有元宝、通宝，书体分真、篆，径2.5厘米，重3.6克。

"治平元宝"、"治平通宝"钱文书体均分真、篆，一般径2.5厘米，重3.6克。有铁钱（图九一）。

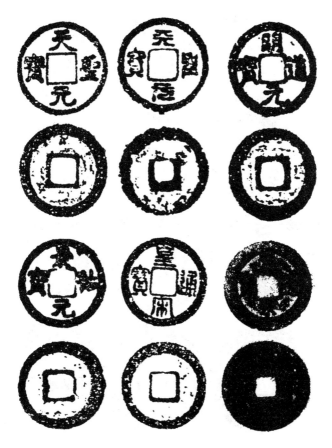

图八九 天圣、明道、景祐、皇宋元宝、通宝

熙宁元宝、重宝、通宝与元丰通宝钱

宋神宗熙宁、元丰年间（1068～1085 年）所铸钱。"熙宁元宝"为平钱，"熙宁重宝"为折二钱，钱文书体分真、篆。平钱径 2.5 厘米，重 3.6 克。折二钱一般径 3 厘米，重

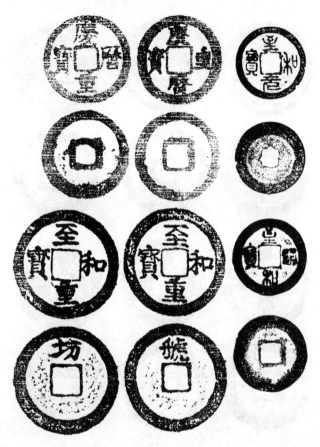

图九〇　庆历、至和元宝、重宝、通宝（4/5）

7.5 克。又有铁钱，以"熙宁通宝"为文。"元丰通宝"亦有平钱、折二钱。平钱书体有篆、隶、行，钱径 2.5 厘米，重 3.6 克。折二钱书体只有篆、隶，钱径 3 厘米，重 7.2～7.6 克。有铁钱（图九二）。

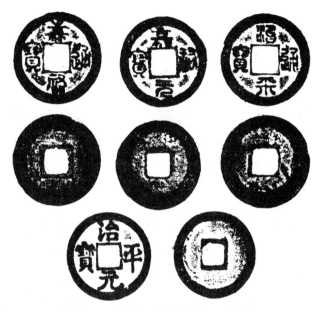

图九一　嘉祐、治平元宝、通宝

元祐、绍圣、元符通宝、元宝钱

宋哲宗元祐、绍圣、元符年间（1086～1100年）所铸钱。三者均有平钱、折二钱，钱文书体均分篆、行，又均有铁钱。"元祐通宝"平钱径2.5厘米，重3.6克；背铸"陕"字者极稀罕。折二钱径3厘米，重8克（图九三）。"绍圣元宝"、"元符通宝"大小轻重如元祐钱。另有"绍圣通宝"钱，钱文真书对读，字细小工整。1957年天津发现径4.5厘米的"元符通宝"大钱，钱文篆书旋读，罕见（图九四）。

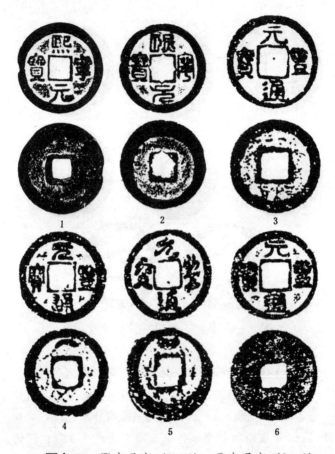

图九二 熙宁元宝（1~2）、元丰通宝（3~6）

圣宋、崇宁、大观、政和、重和、宣和元宝、通宝、重宝钱

宋徽宗建中靖国、崇宁、大观、政和、重和、宣和年间（1101~1125 年）所铸钱。建中靖国元年铸铜钱以"圣

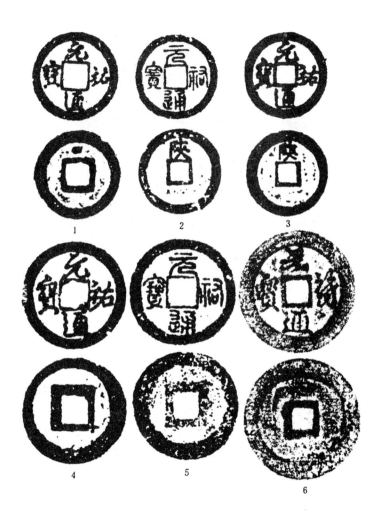

图九三　元祐通宝、元符通宝

1～3. 平钱　4～6. 折二钱

93

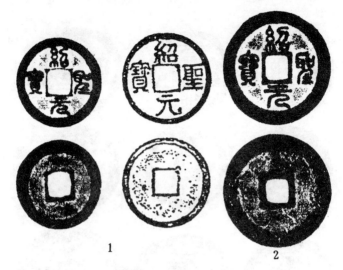

图九四　绍圣元宝

1～2. 平钱　3. 折二

宋元宝"为文,今所见有平钱、折二钱,钱文书体分篆、行、平钱间有真书者。一般平钱径 2.5 厘米,重 3.8 克;折二钱径 3 厘米,重 7.4 克。有铁钱。并有"圣宋通宝"钱,稀少。传世有"建国通宝"平钱,书体有真、篆两种,对钱,或谓亦徽宗建中靖国初铸,附此(图九五)。

"崇宁通宝"、"崇宁重宝"钱,今所见以折十钱为最多。重宝钱文隶书,钱径 3.5 厘米,重 11～12 克。通宝钱文真书作瘦金体,为徽宗所书,钱径 3.5 厘米,重 12 克。有真书平钱,径 2.5 厘米,重 3.25 克,不多见。又有"崇宁元宝"钱,形同折二。均见铁钱(图九六)。

"大观通宝"钱今所见有平钱、折二、折三、折五、折

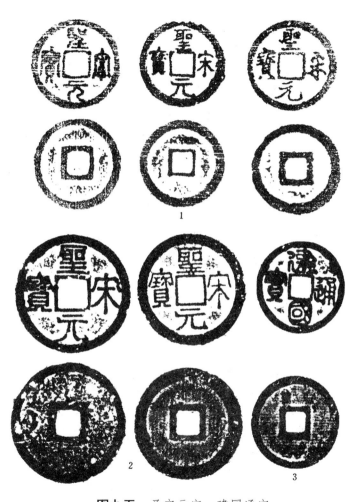

图九五 圣宋元宝、建国通宝

1. 圣宋元宝平钱 2. 圣宋元宝折二钱 3. 建国通宝

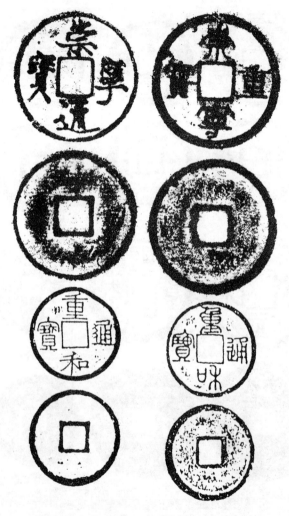

图九六　崇宁通宝、崇宁重宝、重和通宝

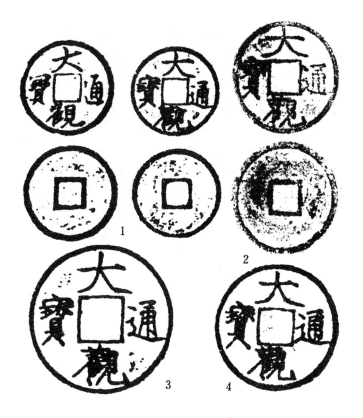

图九七 大观通宝

1. 平钱　2. 折二　3. 折五　4. 折十

十共五种，钱文均为瘦金体。平钱径2.5厘米，重3.8克。折十钱铸工最精，径4.1厘米，重19克。另有行书"大观通宝"平钱，为铁范铜钱，稀罕。亦有铁钱（图九七）。

"政和通宝"钱有平钱、折二两种，钱文书体分篆、隶。平钱径2.5厘米，重3.8克。折二钱径2.7～3厘米，重5.6

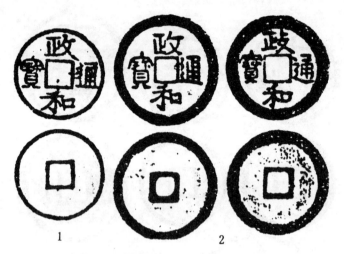

图九八 政和通宝

1. 平钱　2. 折二

～7克。又有真书"政和重宝"铜、铁钱（图九八）。"重和通宝"钱文书体有篆、隶，成对，均为平钱，罕见。径2.5厘米，重3.5克（图九八）。

"宣和元宝"和"宣和通宝"有平钱、折二钱、折三钱，各有篆、隶对钱。平钱径2.5厘米，重3.8克。折二钱径3厘米，重7.4克。亦有铁钱。1957年陕西西安韦曲出土一窖北宋铁钱中，有830枚真书背"陕"小平铁钱（图九九）。

靖康元宝、通宝钱

宋钦宗靖康年间（1126～1127年）所铸钱。今所见有元宝、通宝两种，币材有银、铜、铁，书体分篆、隶、真

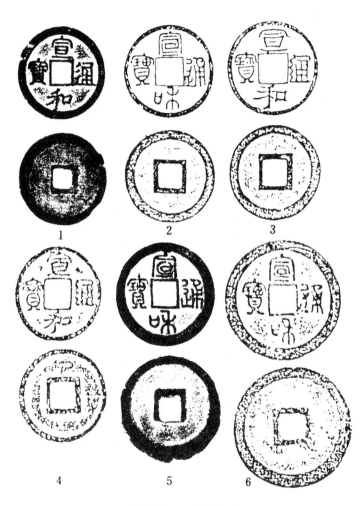

图九九 宣和通宝

1～4.平钱 5.折二 6.折三

三体。小平铜钱径2.5厘米，重3.5克。折二钱径一般3厘米，重6.4～7克。1967年湖北黄石市出土22万余斤窖藏古钱中，有真书"靖康通宝"，篆、隶二书"靖康元宝"，真、篆二书"靖康通宝"。1956年四川安县和金堂出土的两宋铁钱中亦有靖康钱（图一〇〇、一〇一）。

建炎、绍兴元宝、通宝、重宝钱

南宋高宗建炎、绍兴年间（1127～1162年）所铸钱。建炎钱有元宝、通宝、重宝。平钱径2.45厘米，重3.5克；折二钱径2.8厘米，重5.6～5.8克；折五钱径3厘米，重9.3克。钱文书体有篆、隶、真。有铁钱与铜钱并行（图一〇二）。

绍兴元宝、通宝钱亦有平钱及折二、折三钱，钱文篆书或真书。

南宋各代各个年号均铸钱，形制、轻重及铜铁并行情况大体与建炎钱相类。

隆兴、乾道、淳熙元宝、通宝钱

南宋孝宗隆兴、乾道、淳熙年间（1163～1189年）所铸钱。"隆兴元宝"、"乾道元宝"仅见折二钱，钱文有篆、真二体。"淳熙元宝"真书钱见七至十六纪年背文。铁钱或称通宝（图一〇三）。

绍熙元宝、通宝钱

南宋光宗绍熙年间（1190～1194年）所铸钱。今见平

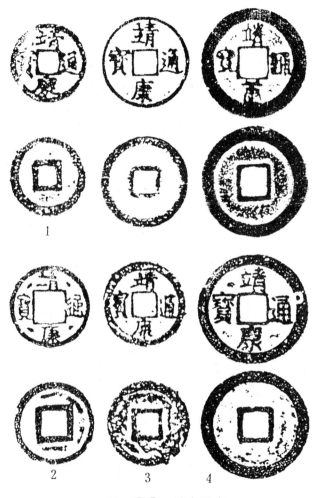

图一〇〇 靖康通宝

1. 银钱　2. 铁母　3. 铜钱　4. 折二铜钱

101

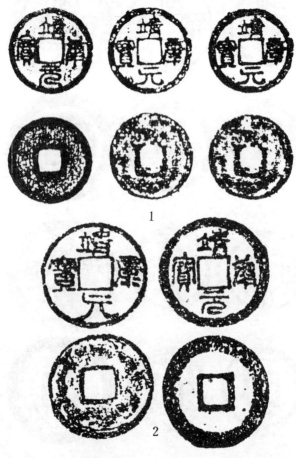

图一〇一 靖康元宝

1. 平钱 2. 折二

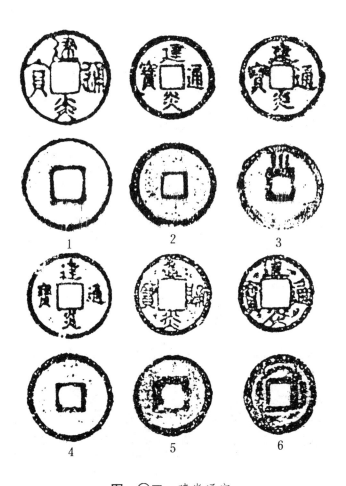

图一○二　建炎通宝

1. 省宝　2. 长字　3. 背川　4. 平点建　5. 铁钱　6. 铁母

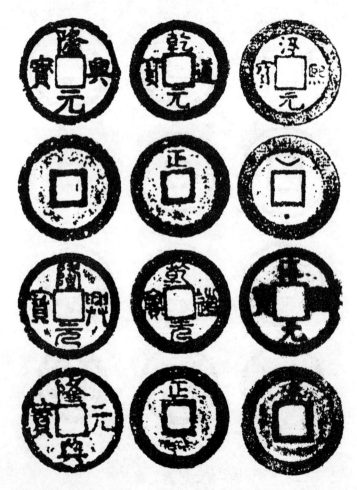

图一〇三　隆兴、乾道、淳熙元宝

钱及折二铜钱称元宝，大铜钱及铁钱称元宝、通宝。除纪年背文外，铁钱亦见纪地背文（图一〇四）。

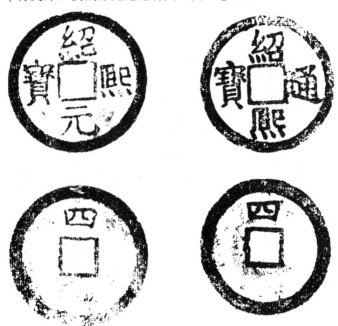

图一〇四 绍熙元宝、通宝

庆元、嘉泰、开禧、嘉定通宝、元宝钱

南宋宁宗庆元、嘉泰、开禧、嘉定年间（1195～1224年）所铸钱。一般称通宝，有纪年背文。嘉定有折十大铜钱称元宝。嘉定铁钱最多，有平钱及折二、折五钱，钱文作通、元、重、崇、全、永、真、新、安、珍、隆、泉、兴、正、洪、之、万、至、封等宝，背文纪值、纪监。1956年四川安县、金堂出土大批南宋铁钱，以嘉定钱为多（图一

○五～一○七）。1985年江苏高邮出土大批两宋铁钱，亦以南宋铁钱最多。

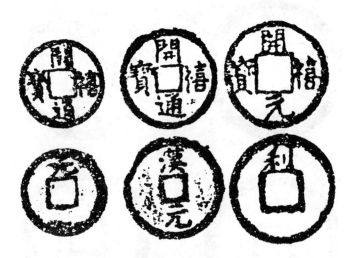

图一○五　开禧元宝、通宝

圣宋重宝铁钱

宋李心传《建炎以来朝野杂记》："嘉定元年（1208年），四川初行当五大钱，利州绍兴监钱以圣宗重宝为文。"钱文真书，背穿上铸"利壹"，穿下铸篆文"五"字，铁钱（图一○八）。

宝庆、大宋、绍定、端平、嘉熙、淳祐、皇宋、开庆、景定元宝、通宝、重宝钱及咸淳元宝钱

南宋理宗宝庆、绍定、端平、嘉熙、淳祐、宝祐、开庆、景定年间（1225～1264年）及度宗咸淳年间（1265～

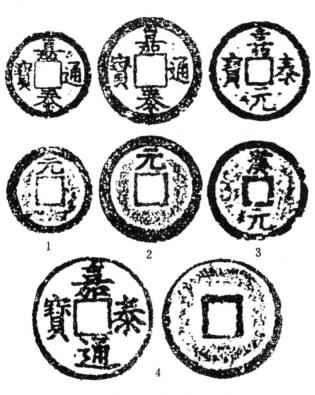

图一〇六　嘉泰通宝、元宝

1. 平钱　2. 折二　3. 折三　4. 铁钱

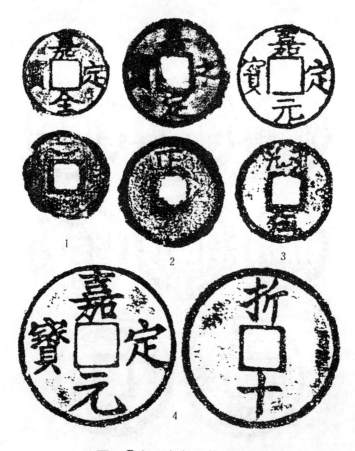

图一〇七 嘉定元宝 (9/10)

1. 嘉定全宝（铁钱）　2. 嘉定之宝（铁钱）
3. 嘉定元宝（铁钱）　4. 嘉定元宝（折十铜钱）

108

图一〇八　圣宋重宝（背利壹·五）

1274 年）所铸钱。其中"宝庆元宝"、"大宋元宝"、"大宋通宝"钱均铸于宝庆年间，"皇宋元宝"钱铸于宝祐年间。诸钱除平钱外，多有折二以上型；有纪年或纪监背文；有铁钱与铜钱并行。"咸淳元宝"钱亦有平钱及折二钱，折二有铁钱（图一〇九～一一三）。

临安府行用铜牌

俗称"夸牌"、"大牌"，亦即"大钱"。宋吴自牧《梦粱录》："（景定年间）朝省因钱法不通，杭城增造镴牌，以便行用。"按镴与蜡通，蜡色黄，镴牌即铜牌。铜牌书体实与淳祐当百大钱相似，不类景定，铜牌殆铸于淳祐大钱之前。今所见有面文"临安府行用"，背文"准贰伯文省"、"准叁伯文省"、"准伍伯文省"三种。"伯"即佰、陌，通百；"省"即"省陌"，时民间以七十七为百，或称"短陌"。又有铅牌（图一一四）。

宋银铤

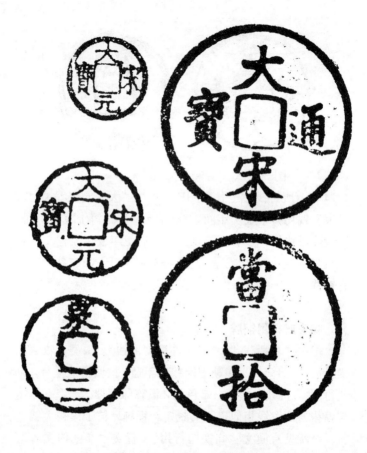

图一〇九 大宋元宝、通宝（铁钱）

宋代银铤多为束腰状。1958年内蒙古昭乌达盟巴林左旗毛布力格村出土银铤5件，重1993.76～2003.125克，约当宋衡五十两。一铤有北宋徽宗大观元年刻款，另一铤有政和四年刻款。1955年湖北黄石市西塞山出土银铤295

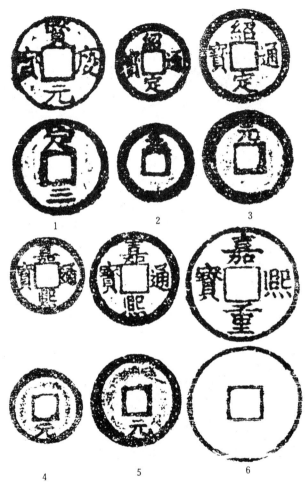

图——〇　宝庆、绍定、嘉熙元宝、通宝（4/5）

1.铁钱　2、4.平钱　3、5.折二　6.当五

111

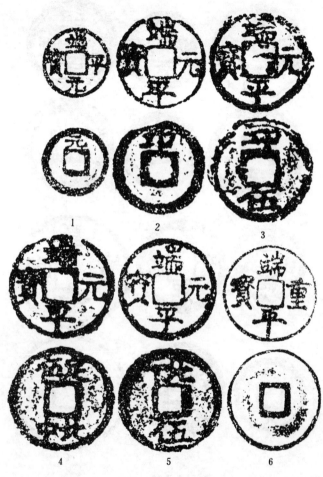

图——— 端平元宝、重宝 (4/5)

1. 铜钱　2～6. 铁钱

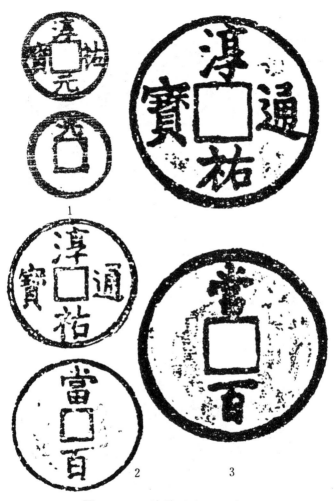

图一一二　淳祐元宝、通宝

1. 平钱　2. 当百（小型）　3. 当百（大型）

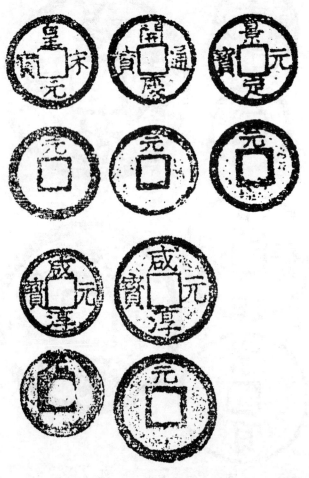

图一一三　皇宋、开庆、景定、咸淳元宝、通宝

114

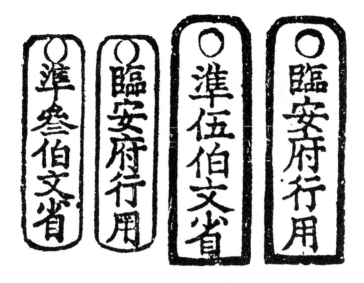

图——四 临安府行用铜牌 （9/10）

件。1958年湖北荆州城外出土12铤，其中大铤亦重宋衡五十两，上有南宋理宗淳祐元年、十一年刻款。图一一五之银铤有"崇宁四年"刻款。

交子与钱引

"交子"是中国最早的兑换纸币。北宋真宗时（998～1022年）四川用铁钱，流通不便，遂以楮纸作券，名为"交子"。每交一缗，三年更新称一"界"，每界发行二十五万六千三百四十缗，以铁钱三十六万缗为储备。初自由发行，后由富商十六家主持。仁宗天圣元年（1023年）设立益州交子务，改由政府发行。徽宗崇宁四年（1105年）改

115

图一一五 宋崇宁四年天宁节银每铤五拾两 (1/2)

交子为"钱引",面额分一贯、五百文两种。南宋时两淮曾使用"淮交"。

关子与会子

南宋发行的纸币,均始于高宗绍兴年间(1131～1162年)。据《宋史·食货志》:"因婺州屯兵,……而路不通舟,钱重难致,乃造'关子'。"初为汇票性质,稍后发展为纸币。南宋末年贾似道执政,曾发行金银关子。

"会子"先有甘肃地区的银会子,面额有银一钱及半钱两种。以后钱会子逐步从两浙推广到两淮、福建、湖广等地,本为茶盐钞引,后亦为流通纸币。

面额有一贯、二百、三百、五百文,以三年为一界。四川曾发行金银会子(图一一六)。

天授、福圣、大安、元德、天盛、乾祐、天庆、皇建、光定通宝、宝钱、重宝、元宝钱

西夏钱。分别铸于西夏景宗天授礼法延祚(1038～1048年)、毅宗福圣承道(1053～1056年)、惠宗大安(1075～

图一一六　南宋行在会子库版拓（6/7）

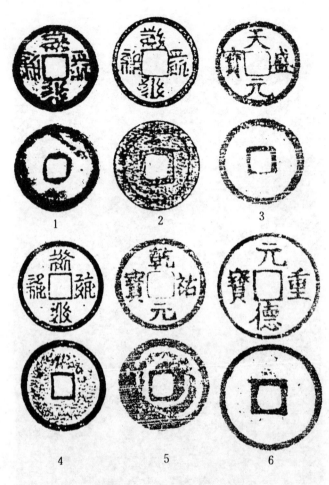

图一一七 西夏钱（一）

1. 福圣钱宝　2. 大安钱宝　3. 天盛元宝
4. 乾祐钱宝　5. 乾祐元宝　6. 元德重宝

118

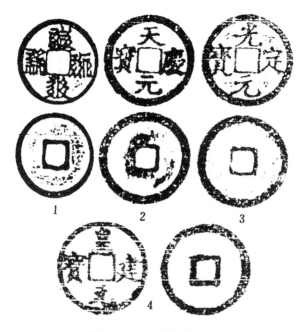

图一一八　西夏钱（二）

1. 天庆钱宝　2. 天庆元宝　3. 光定元宝　4. 皇建元宝

1085 年）、崇宗元德（1119～1127 年）、仁宗天盛（1149～
1169 年）及乾祐（1170～1193 年）、桓宗天庆（1194～1205
年）、襄宗皇建（1210～1211 年）、神宗光定（1211～1223
年）年间（图一一七、一一八）。平钱径 2.4～2.5 厘米，重
3.2～3.6 克。天授钱称"通宝"（此钱待考）。福圣、大安
钱用西夏文，当释读为"圣福宝钱"、"大安宝钱"。元德钱
有"通宝"、"重宝"，重宝型如折二，径 2.8 厘米，重 6 克。
天盛、乾祐、天庆、皇建、光定钱均称"元宝"；乾祐、天庆钱并见西夏文"宝钱"。1979年宁夏贺兰县大风沟出土古钱币中有西夏文大安宝钱二枚，乾祐、天庆宝钱各一枚。1980年榆树台也出土大安宝钱一枚。

天赞、天显、天禄、应历、保宁、统和、重熙、清宁、咸雍、大康、大安、寿昌、乾统、天庆通宝、元宝钱

辽钱。分别铸于辽太祖天赞（922～926年）、太宗天显（927～938年）、世宗天禄（947～951年）、穆宗应历（951～969年）、景宗保宁（969～979年）、圣宗统和（983～1012年）、兴宗重熙（1032～1055年）、道宗清宁（1055～1064年）、咸雍（1065～1074年）、大康（1075～1084年）、大安（1085～1094年）、寿昌（1095～1101年）以及天祚帝乾统（1101～1110年）、天庆（1111～1120年）年间。钱径约2.4厘米，重3～3.5克。天赞、天显、天禄、应历、保宁、重熙、清宁、咸雍钱称"通宝"，其余诸钱称"元宝"，大康钱兼有"通宝"、"元宝"。钱文书体均为隶兼八分（图一一九、一二〇）。

＊通行泉货钱

早期辽钱。今见为平钱。钱文"通行泉货"，隶书，右旋读。1981年内蒙古巴林右旗草场公社上石大队出土大批辽钱中有一枚，前人系于南唐，非是（图一二一）。

＊会同通宝钱

"会同通宝"钱，辽太宗会同年间（938～947年）铸。

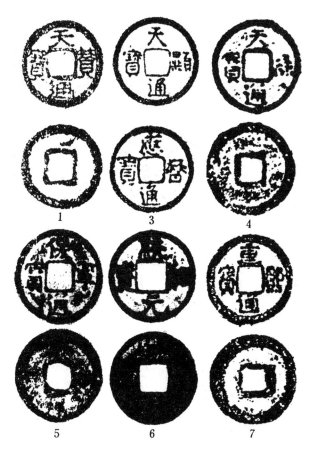

图一一九　辽钱（一）

1.天赞通宝　2.天显通宝　3.应历通宝

4.天禄通宝　5.保宁通宝　6.统和元宝　7.重熙通宝

121

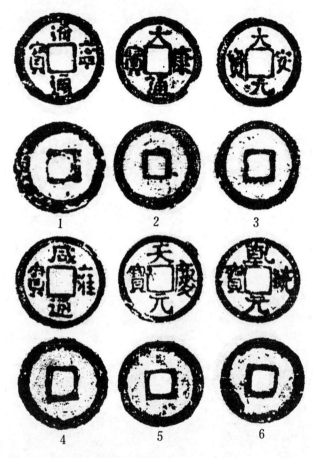

图一二〇 辽钱（二）

1. 清宁通宝 2. 大康通宝 3. 大安元宝
4. 咸雍通宝 5. 天庆元宝 6. 乾统元宝

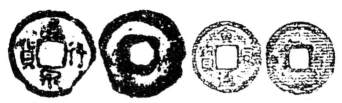

图一二一　　通行泉货、会同通宝

钱文书体为隶兼八分，右旋读。钱径2.4厘米，重4克。辽宁朝阳出，罕见（图一二一）。

正隆元宝、大定通宝钱

金代钱。铸于金海陵王正隆（1156～1161年）、世宗大定（1161～1189年）年间，铸造精良。钱径2.5厘米，重分别为3.4、3.5克。大定通宝背有"申"、"酉"等字纪年；有折二型传世。另有"天兴宝会"及"大金朝合"。《金史》有载，应与当时金钞有关（图一二二、一二三）。

泰和重宝、通宝钱

《金史·食货志》："（金章宗泰和）四年（1204年）……八月，定从便易钱法。……后铸大钱一值十，篆文曰'泰和重宝'，与钞参行。"重宝郭细肉深，钱文玉箸篆，党怀英书。径4.5厘米，重16～19.2克。传世又有小平、折二、折三及折十等型楷书"泰和通宝"钱，《金史》不载，均稀罕（图一二四）。

崇庆、至宁、贞祐通宝、元宝钱

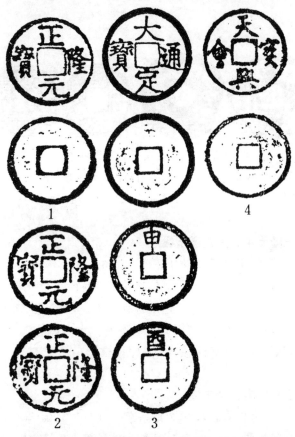

图一二二　正隆元宝、大定通宝、天兴宝会

1、2. 正隆元宝　3. 大定通宝　4. 天兴宝会

　　"崇庆通宝"钱，金卫绍王崇庆年间（1212～1213 年）铸。钱文真书，有小平、折二型两种。平钱径 2.4 厘米，重 3 克；折二径 2.7 厘米，重 6.4 克。此外有篆书"崇庆元宝"折五型大钱，《金史》不载。卫绍王至宁年间（1213～1214 年）又铸"至宁元宝"钱。

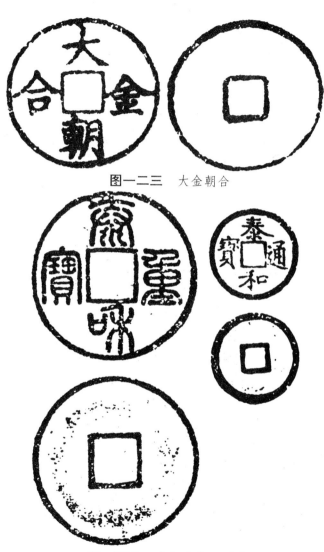

图一二三　大金朝合

图一二四　泰和重宝、通宝

125

"贞祐通宝"钱，金宣宗贞祐年间（1213～1217年）铸，《金史》不载。今所见有小平、折二型两种，均罕见（图一二五、一二六）。

阜昌元宝、通宝、重宝钱

公元1130年刘豫受金帝册封称齐国皇帝于北京，建元阜昌，所铸钱有"阜昌元宝"平钱、"阜昌通宝"折二钱、"阜昌重宝"折三钱。今所见阜昌钱有真、篆两种书体对钱。平钱径2.5厘米，重3.4克；折二径2.9厘米，重8.29克；折三径3.4厘米，重11.5克，均稀罕（图一二七）。

金代银锭

金代银锭亦多作束腰形。解放后黑龙江省阿城县曾有出土。锭重1750克，面有作坊、工匠、检验官戳记，背有蜂窝状凹坑。1981年陕西澄城出土2锭，为泰和四年铸，分别标重"肆拾玖两陆钱半"、"肆拾玖两柒钱半"。

金代交钞

"交钞"亦称"钱引"，在金代币制中占重要地位。贞元二年（1154年）制钞以一、二、三、五、十贯为大钞，一百、二百、三百、五百、七百文为小钞，"以七年为界，与钱并行"。大定二十九年（1189年）取消七年为界，交钞成为长期流通的纸币。钞名屡经变更，有"贞祐宝券"、"贞祐通宝"、"兴定宝泉"、"元光贞货"（绫制）、"天兴宝会"等。1978年山西新绛出土一件贞祐宝券钞版，长30、宽

图一二五 崇庆通宝、元宝

1. 平钱 2. 折二 3. 当五

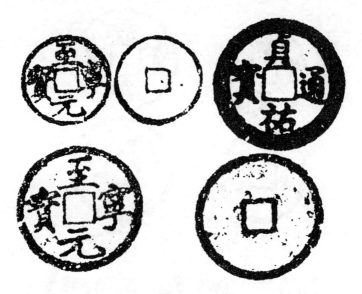

图一二六　至宁元宝、贞祐通宝

17.5、厚 1 厘米，面额伍拾贯。图一二八为壹佰贯之小钞。

大朝、中统、至元、元贞、大德、至大、大元、皇庆、延祐、至正通宝、元宝钱

　　元代钱。"大朝通宝"钱铸于蒙古未建立元朝以前，径 2.3 厘米，重 3 克；铜钱之外又有银钱。"中统元宝"、"至元通宝"、"元贞通宝"、"大德通宝"、"至大通宝"及"大元通宝"、"皇庆元宝"、"延祐元宝"、"至正通宝"分别铸于元世祖中统（1260～1264 年）、至元（1264～1294 年）、成宗元贞（1295～1297 年）、大德（1297～1307 年）、武宗至大（1308～1311 年）、仁宗皇庆（1312～1313 年）、延祐

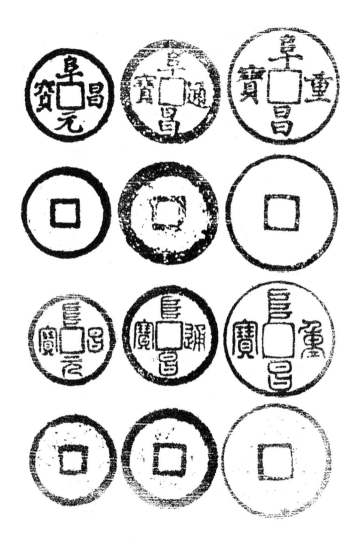

图一二七　阜昌元宝、通宝、重宝（13/14）

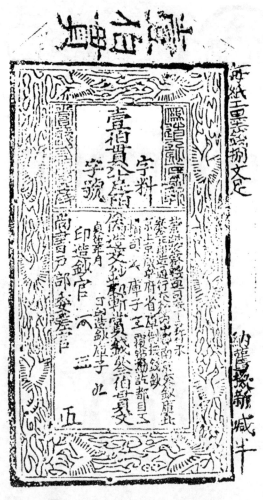

图一二八　金代交钞（2/3）

（1314～1320年）、惠宗至正（1341～1368年）年间。中统钱有篆、真二体钱文；至元、元贞、大德、大元钱兼用汉文、蒙文（八思巴文）；至正钱背穿上模铸蒙文地支。一般有平钱及折二、折三型钱。平钱径2～2.5厘米，重2.5～3.6克；折二型径2.6～2.8厘米，重6.2～6.3克；折三型径约3厘米，重8.7～9.5克。大元通宝有折十大钱，径4.5厘米，重18.6～20克。至正通宝有平钱、折二、折三、折五、折十及一两钱。一两钱径4.9厘米，重42克（图一二九～一三三）。

至正权钞钱

元惠宗（顺帝）至正年间（1341～1368年）铸。面文"至正之宝"。背穿上有"吉"字，吉即吉安路（今江西吉安）；右为"权钞"二字，左纪值。钱文真书，对读，周伯琦所书。元史不载，周氏《近光集》载其事。今所见有五分、一钱、一钱五分、二钱五分、五钱共五种。五钱最大，径8厘米，重116.7克。以铜钱代纸币，故行使未广，今罕见（图一三四）。

元代银元宝

至元十三年（1276年）丞相伯颜攻灭南宋后，在扬州将掠获银子销铸作锭，称"扬州元宝"。元朝廷亦铸银元宝。1957年江苏句容赤山湖边出土元银锭2件，束腰状，面文有"平准、至元十四年、银伍拾两"等字，背铸"元宝"二字。长14.5、厚3厘米，重分别为1895.94、1897.19克

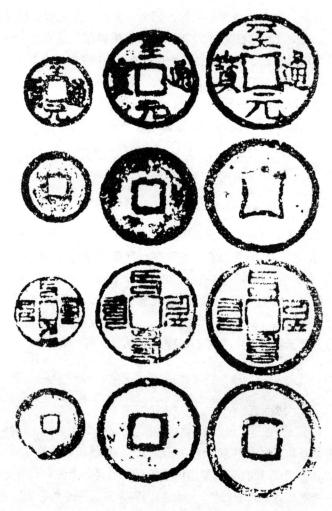

图一二九　至元通宝（平钱、折二、折三）

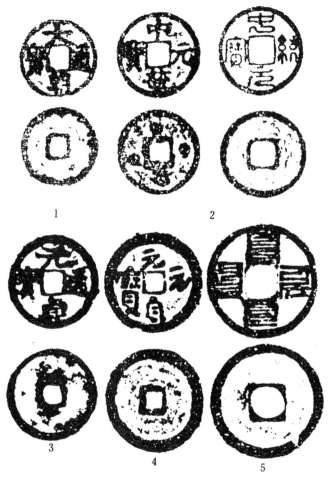

图一三〇　大朝、中统、元贞通宝、元宝

1. 大朝通宝　2. 中统元宝　3. 元贞通宝

4. 元贞元宝　5. 元贞元宝满文折三型钱

133

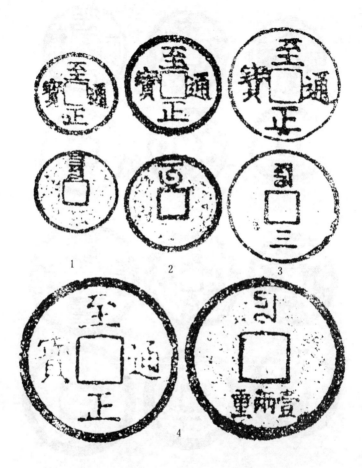

图一三一 至正通宝

1. 巳（蒙文），平钱　2. 午（蒙文），折二

3. 巳（蒙文），折三　4. ᠵ·壹两重

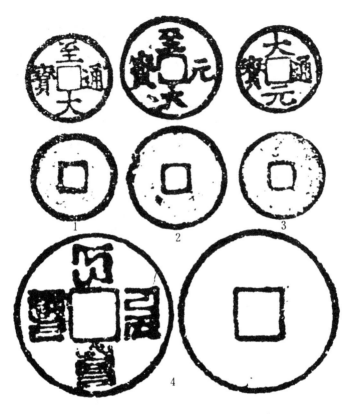

图一三二　至大、大元通宝、元宝

1. 至大通宝　2. 至大元宝　3. 大通元宝　4. 大元通宝满文当十型
（图一三五）。

中统元宝交钞、至元通行宝钞

元世祖中统元年（1260 年）印造"中统元宝交钞"，有

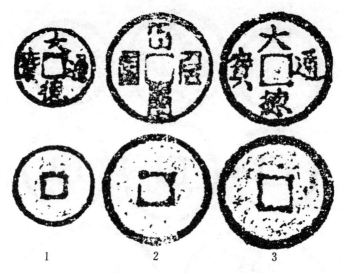

图一三三 大德通宝

1. 平钱　2. 满文折三　3. 折三

一十、二十、三十、五十、一百、二百、五百、一贯、二贯文共九等。至元二十四年（1287年）又造"至元通行宝钞"，自五文至二贯文凡十一等。1965年陕西咸阳发现的元钞中有中统钞2件，其一长26.4、宽18.2厘米，面额"壹贯文省"，另一长24.4、宽16.9厘米，面额"伍百文"；至元钞1件，长27.5、宽19.6厘米，面额"贰贯"。中统钞背面有"至正印造元宝交钞"字样，可知元钞以中统钞为主，元惠宗至正年间仍印造（图一三六）。

龙凤、天启、天定、大义、天统、天佑、大中通宝钱

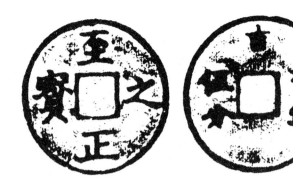

图一三四　至正之宝

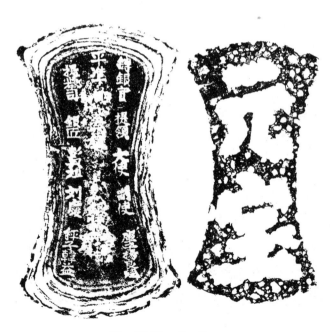

图一三五　元　银

图一三六　　至元通行宝钞（1/2）

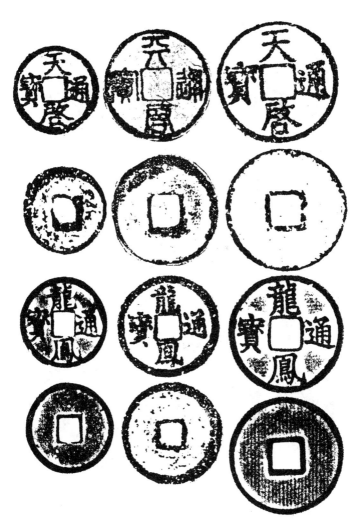

图一三七　天启、龙凤通宝（平钱、折二、折三）

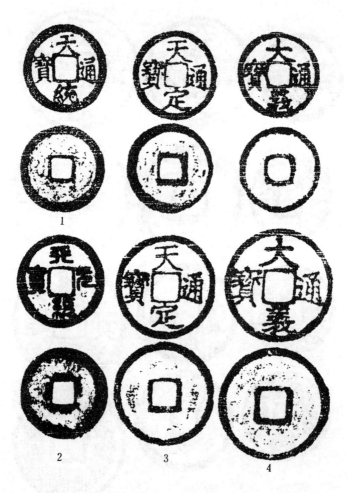

图一三八　天统、天定、大义元宝、通宝

1、2.平钱　3.折二　4.折三

140

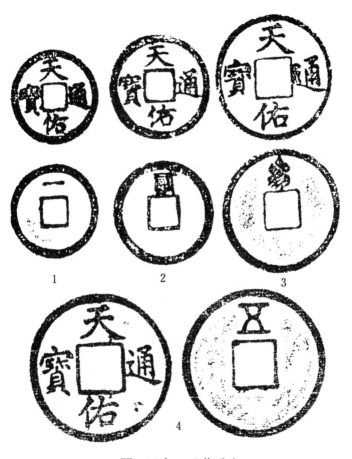

图一三九　天佑通宝

1.一　2.式　3.叁　4.五

　　元末农民起义中铸行的钱币。韩林儿、刘福通农民政权铸"龙凤通宝"，有平钱及折二、折三型，铸造工整。平钱径2.45厘米，重3.3克。徐寿辉、陈友谅铸"天启通

141

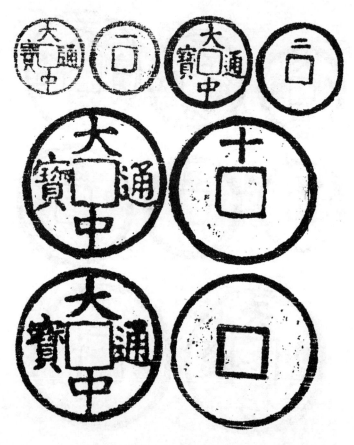

图一四〇 大中通宝 (9/10)

宝"，陈友谅又铸"天定通宝"、"大义通宝"，均有平钱及
折二、折三型。明玉珍据成都时铸"天统通宝"，今见平钱
有真、篆钱文。张士诚铸"天统通宝"，有平钱及折二、折
三、折五型，背皆纪值。朱元璋称吴王时铸"大中通宝"，

今见平钱及折二、折三、折五、折十型，背或有纪值、纪地文字（图一三七～一四○）。

　　＊按：改元天启、天定两种钱为陈友谅所为，非徐寿辉所铸。此据明陆深《豫章漫抄摘要》："我太祖高皇帝以是年六月与中山王等二十四人始起义，后戊戌红巾军徐真一下……陈友谅始据江西，时改元天启，明年（己亥）为天启二年，四月又改天定，五月陈友谅自称大义元年（庚子）。"供参阅。

六、明清钱币（附太平天国及各地起义政权钱币）

洪武通宝钱

　　《明史·食货志》："（明太祖）即位，颁'洪武通宝'钱，其制凡五等：曰'当十'、'当五'、'当三'、'当二'、'当一'。'当十'钱重一两，余递降至重一钱止。"钱文楷书。背文纪重：一钱、二钱、三钱、五钱、一两；纪值：一、二、三、五、十；纪局：京、北平、鄂、浙、济、桂、福、豫、广。实测当十大钱径4.6厘米，重34.4～37克；当一钱径2.45厘米，重3.4～3.6克。各局所铸大小轻重有差（图一四一、一四二）。

永乐、宣德、弘治、嘉靖、隆庆、万历、泰昌、天启、崇祯通宝钱

　　明成祖永乐（1403～1424年）、宣宗宣德（1426～1435

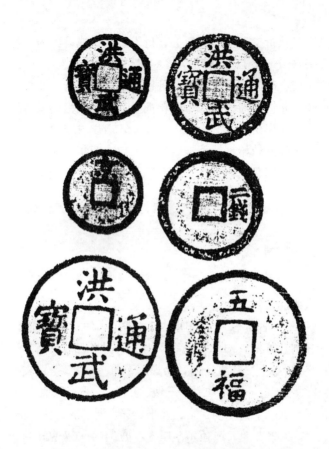

图一四一 洪武通宝（一）

年）、孝宗弘治（1488～1505年）、世宗嘉靖（1522～1566

年）、穆宗隆庆（1567～1572年）、神宗万历（1573～1620

年）、熹宗天启（1621～1627年）、思宗崇祯（1628～1644

年）年间所铸钱。钱文均楷书，平钱径2.4～2.6厘米，重

3～3.4克。除一般传世所见外，永乐通宝曾于1936、1971、

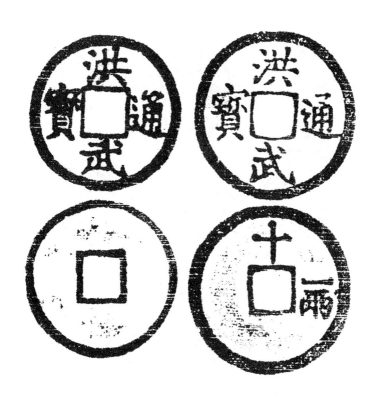

图一四二　洪武通宝（二）

1974 年在东沙、西沙群岛大量发现。嘉靖通宝、崇祯通宝品类繁多，其他钱亦往往有当二、当十等型及背文、背纹。泰昌为光宗年号（1620 年），但泰昌钱实为天启间补铸（图一四三、一四四）。

大明、弘光、隆武、永历通宝钱

南明诸王所铸。1644 年鲁王朱以海在浙江铸"大明通

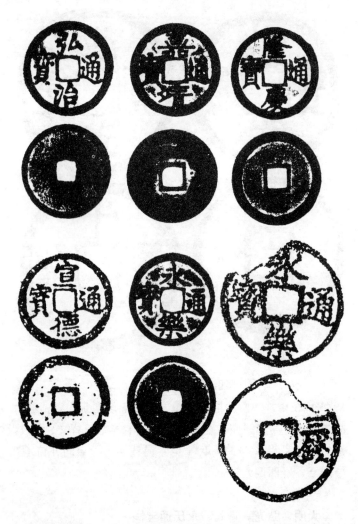

图一四三　弘治、嘉靖、隆庆、宣德、永乐通宝

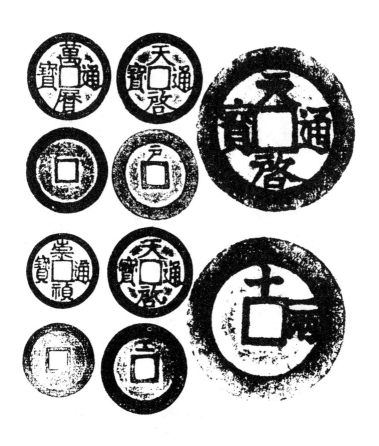

图一四四 万历、崇祯、天启通宝（9/10）

宝"钱；1645年福王朱由崧在南京铸"弘光通宝"钱；同年唐王朱聿键在福州铸"隆武通宝"钱；1646年桂王朱由榔在肇庆铸"永历通宝"钱。钱文及形制、重量大略如明历朝所铸（图一四五～一四七）。

后郑成功沿用永历年号。今见行书永历通宝、篆书永

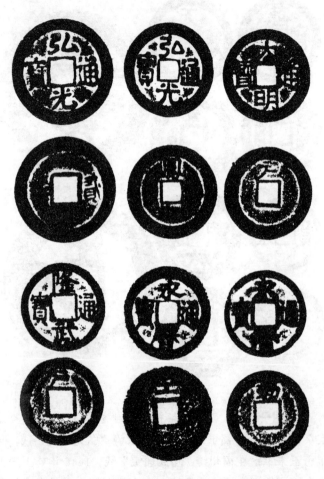

图一四五　弘光、大明、隆武、永历通宝

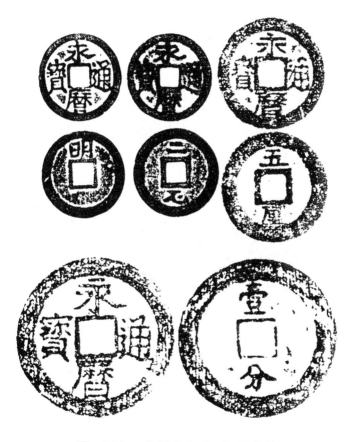

图一四六　永历通宝（一）（9/10）

历通宝当二型钱，系郑成功铸于日本长崎；或谓篆书永历钱为郑成功在台湾所铸。

明代白银与矿银钱

明初禁用金银，但白银在民间交易中一直行用。英宗时（1436～1449、1457～1464年）白银成为正式货币，铸成大小银锭、元宝。1955年四川洪雅九胜山明墓出土明代大小银锭128件，所标年号有正德八、九、十六年，嘉靖元、二年。万历年间（1573～1620年），因开银矿，铸有大小两种银钱。钱文"万历

图一四七
永历通宝·折二（二）

通宝"，楷书。小者背穿上下有"矿银"二字；大者穿左右又有"四钱"二字。另有万历年造大小银钱，殆非正用品。

大明通行宝钞

明太祖洪武八年（1375年）发行"大明通行宝钞"。《明史·食货志》："以桑穰为料，其制方，高一尺，广六寸，

150

质青色，外为龙纹花栏。横题其额曰'大明通行宝钞'。其内上两旁，复为篆文八字，曰'大明宝钞，天下通行'。中图钱贯，十串为一贯。其下云：'中书省（按应为户部）奏准印造大明宝钞与铜钱通行使用，伪造者斩，告捕者赏银二十五两（按应为二百五十两），仍给犯人财产。'……其等凡六：曰一贯，曰五百文、四百文、三百文、二百文、一百文。"洪武二十二年加发小钞，分十文、二十文、三十文、四十文、五十文五种。终明一代，纸币只发行大明通行宝钞一种，并均用洪武年号（图一四八）。

图一四八

大明通行宝钞（1/2）

永昌、大顺、兴朝通宝钱

1644年李自成在西安建大顺国，改元永昌，铸"永昌通宝"钱。今所见有平钱及当五型（或谓当十、或谓当百大钱）两种。同年张献忠在成都建大西国，改元大顺，铸"大顺通宝"钱。今所见均平钱。1648年张献忠义子孙可望入滇称王，改元兴朝，铸"兴朝通宝"钱。以上诸钱形制均与明代后期钱相近（图一四九、一五〇）。

利用、昭武、洪化、裕民通宝钱

吴三桂受清朝廷封为平西王，镇滇南，铸"利用通宝"钱。今见有平钱、二厘、五厘、一分四等。实测平钱径2.4～2.5厘米，重3～3.2克，背有厘、贵、云等字。二厘钱径2.7厘米，重4～4.2克；五厘钱径一般3.25厘米，重4～4.2克；一分钱径一般4厘米，重16.8克；背文分别为"二厘"、"五厘"、"一分"（图一五一、一五二）。

1673年吴三桂自称周王，5年后称帝于衡州，建元昭武，铸"昭武通宝"钱。平钱钱文有楷、篆两种书体，楷书体背有"工"字。径2.2厘米，重3克。另见篆书体大钱，背文"一分"，径3.5厘米，重10.2～11克。

吴三桂之孙吴世璠袭号，1679年改元洪化，铸"洪化通宝"钱。仅见平钱，背有"工"、"户"等字。实测径2.2～2.45厘米，重3～3.8克。

1674年耿精忠据闽中，铸"裕民通宝"钱。平钱径2.45厘米，重3.8克。一分钱径2.8厘米，重5.1克，背文"一分"。壹钱钱径3.6厘米，重18.8克，背文有"壹钱"及"浙一"两种（图一五三）。

天命、天聪汗钱

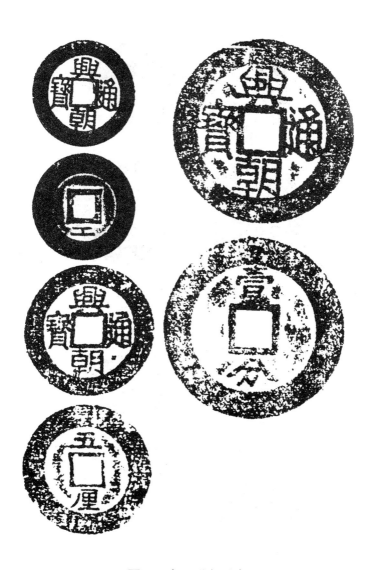

图一四九　兴朝通宝

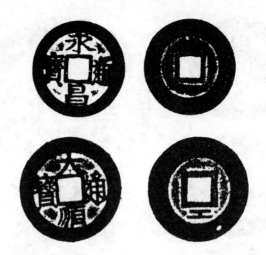

图一五〇　永昌、大顺通宝

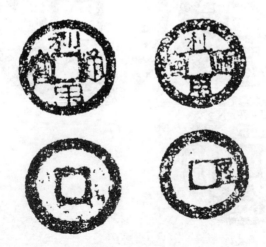

图一五一　利用通宝（一）

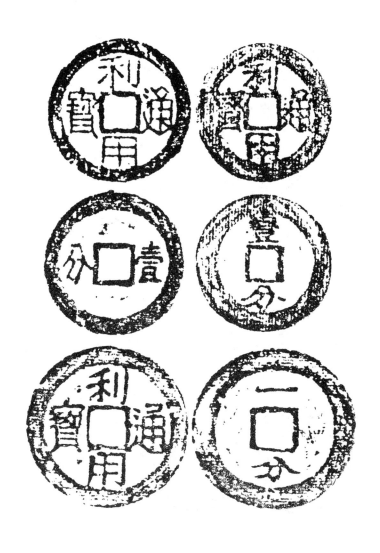

图一五二　利用通宝（二）（9/10）

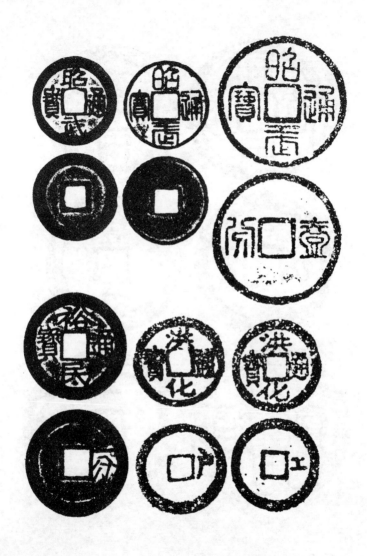

图一五三　昭武、裕民、洪化通宝

女真族建金国（后金）后所铸钱。1616年努尔哈赤称可汗，国号金，年号天命，铸满文"天命汗钱"及汉文"天命通宝"钱，钱径2.7～2.8厘米，重5.4～6.4克。皇太极继位，1627年改元天聪，铸当十大钱。钱文"天聪汗钱"，背穿左"十"、右"一两"，均满文。钱径4.4厘米，重26.4克（图一五四）。

顺治通宝钱

清世祖顺治年间（1644～1661年）所铸钱。顺治元年，工部置宝源局，户部置宝泉局，开铸制（平）钱，钱文楷书"顺治通宝"。今见顺治钱有五种：（1）光背，径2.45厘米，重3.8克。（2）背有户、工、陕、临、宣、蓟、延、原、西、云（密云）、同、荆、河、昌、宁、江、浙、东、福、阳、襄局名。径2.5～2.6厘米，重3.8～4.2克。（3）背穿右局名，穿左"一厘"二字，为顺治十年铸行，称"一厘钱"（云南于顺治十七年始设炉铸钱，称"云一厘"）。径2.6厘米，重4克。（4）背有二满文，穿左"宝"字，穿右局名，为顺治十七年停铸"一厘钱"后所铸。径1.7厘米，重4.4克。（5）满汉文钱，背穿左满文，右汉字，都是局名，有陕、临、宣、蓟、原、同、河、昌、宁、江、浙、东。钱径2.8厘米，重4克（图一五五）。

康熙、雍正、乾隆、嘉庆、道光、咸丰、祺祥、同治、光绪、宣统通宝、重宝、元宝钱

清圣祖康熙（1662～1722年）、世宗雍正（1723～1735

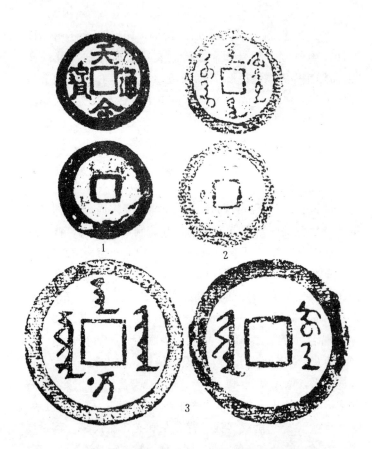

图一五四 天命、天聪通宝、汗钱

1. 天命通宝　2. 天命汗钱（满文）

3. 天聪汗之钱（满文。背穿左满文"十"，右满文"一两"）

年）、高宗乾隆（1736～1795 年）、仁宗嘉庆（1796～1820

年）、宣宗道光（1821～1850 年）、文宗咸丰（1851～1861

年）、穆宗同治（1862～1874 年）、德宗光绪（1875～1908

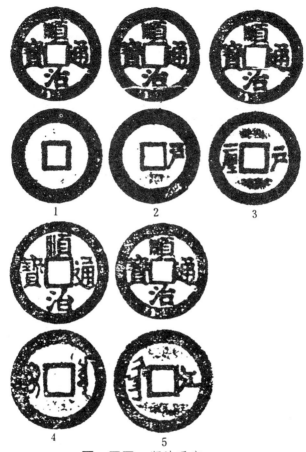

图一五五 顺治通宝

1. 背素 2. 户 3. 户一厘 4. 户（满文） 5. 江（汉、满文）

年）及末代皇帝宣统（1909～1911年）时所铸钱。《清史稿·食货志》："康熙元年铸纪元钱，后凡嗣位改元，皆铸如例。"各朝钱大都称"通宝"，大小轻重有差，一般径2.3～2.7厘米，重3.5～5.5克。背文均纪钱局名。"康熙通宝"凡宝源、宝泉二局所铸者以满文纪局，各省所铸者以满、汉文纪局；今见局名有同、福、广、台等 21 个（图一五六）。"雍正通宝"以满文纪局；今见宝苏、宝济等 18 局。"乾隆通宝"背铸局名左为满文，右为回文；所见局名中有新增的直、伊、阿克苏、乌什、叶尔羌、和阗、喀什噶尔，反映了统一的多民族国家的发展。其后各朝通宝钱纪局多用满文，少用汉文。除阿克苏等以外，局名前均连属"宝"字。局数见于"咸丰通宝"最多，达 29 个（图一五七）。

除制（平）钱外，咸丰朝更有当四至当五十钱称"重宝"，当百至当千钱称"元宝"。背穿上下汉文纪值；左右满文纪局。咸丰宝福局所铸当百钱亦称"重宝"，直径达 7 厘米，背文计重五两，实重 199 克，为诸钱之冠（图一五八～一六〇）。

祺祥为穆宗即位之初拟改年号（后用同治）。有"祺祥通宝"背文宝源局当十钱及东川局平钱、"祺祥同治重宝"合背钱、"祺祥重宝"双面钱，均少见。

光绪朝先铸当十"重宝"钱，后铸"通宝"制（平）钱，又见当五"重宝"钱。光绪、宣统两朝有机制钱（图一六一）。

清代铜元、银元

清光绪二十六年（1900 年）广东始铸铜元，每枚重二钱，无穿。今见清铜元有两大类：一类面文"光绪元宝"，背有蟠龙图案；另一类面文"大清铜币"，背面中央为蟠龙，上缘为"光绪年造"，下缘为英文"Tai-Ching Ti-Kuo

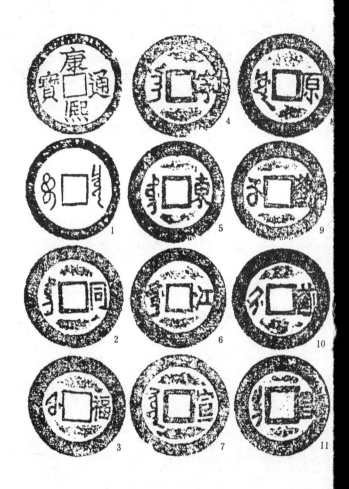

图一五六　康熙通宝

1. 宝泉局　2. 同（山西大同局）　3. 福（福建省局）　4. 宁（甘肃宁夏
（山西太原局）　9. 苏（江苏苏州局）　10. 蓟（直隶蓟州局）　11. 昌
临清局）　15. 广（广东省局）　16. 浙（浙江省局）　17. 台（台湾局）
（福建漳州局）

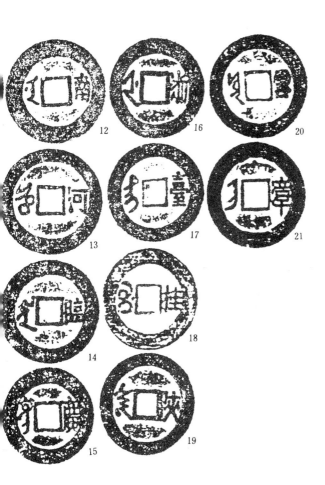

12

16

20

13

17

21

14

18

15

19

局）　5.东（山东省局）　6.江（江苏江宁局）　7.宜（直隶宣府局）　8.原

（江西南昌局）　12.南（湖南省局）　13.河（河南省局）　14.临（山东

18.桂（广西省局）　19.陕（陕西省局）　20.云（云南省局）　21.漳

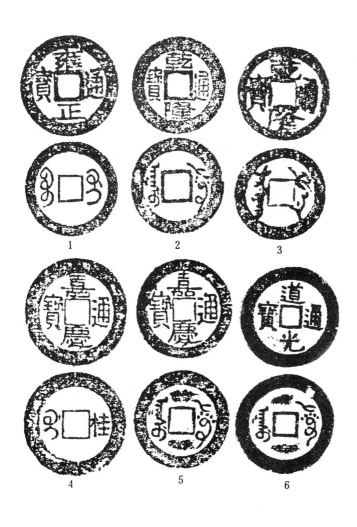

图一五七 雍正、乾隆、嘉庆、道光通宝

1. 宝桂局 2、5、6. 阿克苏局 3. 叶尔羌局 4. 桂

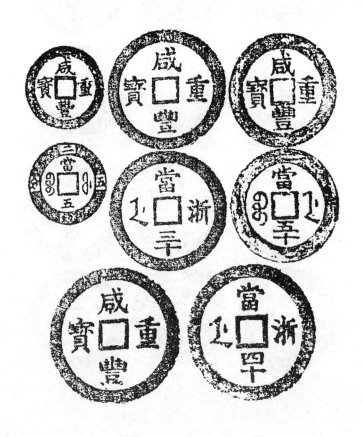

图一五八　咸丰重宝（3/4）

Copper Coin"。铜元面额除"当制钱十文"外，尚有一文、二文、五文、二十文（图一六二）。

清代自铸银元始于吉林，但大规模机铸银元自光绪十五年（1889年）广东造币厂开始。银元面文"光绪元宝"，背为蟠龙，其上标铸造局"广东省造"，下为纪重"库平七

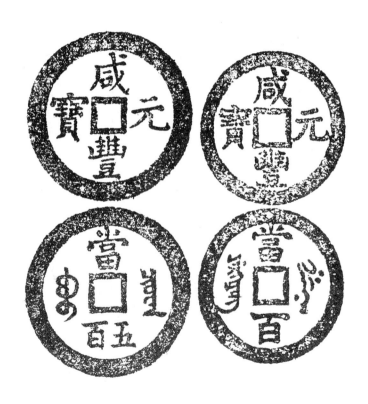

图一五九　咸丰元宝（3/4）

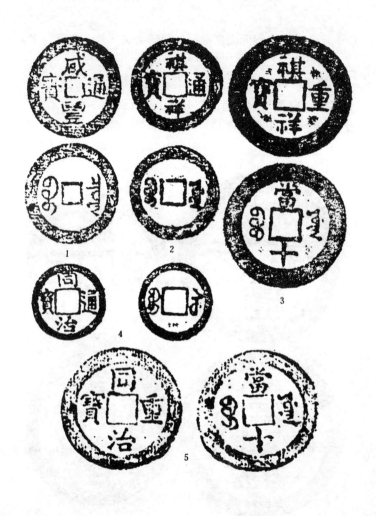

图一六〇　咸丰、祺祥、同治通宝、重宝（9/10）

1. 宝泉　2. 宝源　3. 宝源当十　4. 宝苏　5. 宝源当十

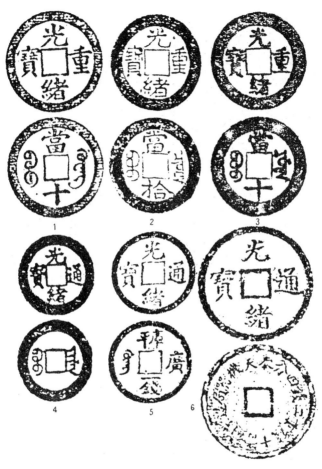

图一六一　光绪重宝、通宝（12/13）

1.宝广（满文）当十　2.宝泉（满文）当拾　3.宝源（满文）当十

4.宝源（满文）　5.广（满、汉文）平库一钱

6.奉天机器局造紫铜二钱四分

图一六二　清代银元（上列）、铜元（下列）

钱三分"（光绪十六年改为七钱二分）。其后各省仿造，局
名及纪重移于币面。宣统二年（1910年）清廷明文规定银
元每枚重库平七钱二分。

清代元宝、中锭、锞子、散银

清代白银的几种流通形式。元宝又称宝银，亦称马蹄
银，重五十两。中锭多作锤形，亦作马蹄形，故称小元宝，
重约十两。锞子形似馒头，重一两至五两，或称小锭。散
银重在一两以下，有滴珠、福珠等名称（图一六三）。

户部官票、大清宝钞

清代发行银票称户部官票，钱钞称大清宝钞。据《清史稿·食货志》："票钞制以皮纸，额题'户部官票'，左满右汉，皆双行，中标二两平足色银若干两，下曰'户部奏行官票'。……边文龙。钞额题'大清宝钞'，汉字平列，中标准足制钱若干文，旁八字为'天下通宝，平准出入'，下曰'此钞即代制钱行用，并准按成交纳地丁钱粮一切税课捐项，京、外各库一概收解'。边文如票。"户部官票面额分一两、三两、五两、十两、五十两五种。宝钞面额初分二百五十文、五百文、一千文、一千五百文和二千文五种，后又发行五千文、十千文、五十千文和百千文；以二千文合官票银一两（图一六四）。

太平天国圣宝、太平通宝、平靖胜宝、嗣统通宝钱

1853年太平天国定都南京，所铸钱或面文"太平天国"，背文"圣宝"；或面文"太平圣宝"，背文"天国"；或面文"天国太平"，背文"圣宝"；或面文"天国"，背文"圣宝"。钱大小轻重不一，大抵可分平钱、当五型、当十型、当五十型、当百型五种（图一六五）。

1853年小刀会在上海起义，铸"太平通宝"钱。钱背有日月纹，或背穿下有"明"字，寓"反清复明"之意。

1855年天地会起义军在广西桂平建立大成国，铸钱称"平靖胜宝"，背文标示前、后、左、右、中五营或御林军、长胜军；又有"平靖通宝"钱，背篆文"中"字。

1855年，贵州刘义顺起义，建国亦称大成，年号嗣统。

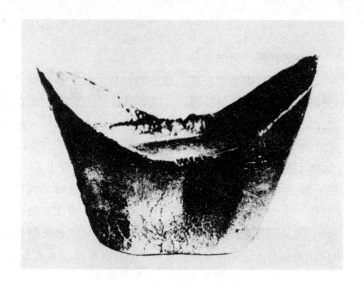

图一六三　清代五十两元宝

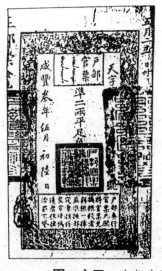

图一六四　户部官票、大清宝钞（9/14）

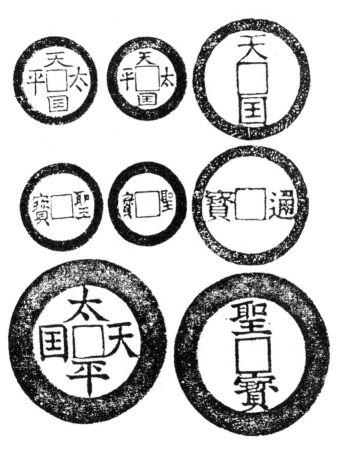

图一六五　太平天国圣宝、通宝（9/10）

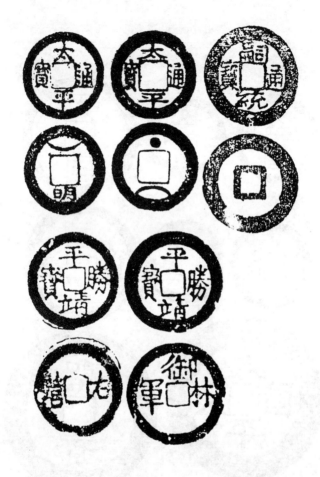

图一六六　太平通宝、嗣统通宝、平靖胜宝

今见"嗣统通宝"钱殆此时所铸。或谓咸丰十年张保山铸，待考（图一六六）。

常见邻邦古钱币

一、朝鲜古钱币

乾元、海东、东国、三韩、朝鲜、常平通宝、元宝、重宝钱

"乾元重宝"钱，高丽穆宗王诵时（997～1009 年，宋至道三年至大中祥符二年）铸。有光背及背文"东国"两种。另有铁钱，系成宗王治十五年（995 年，宋至道元年）铸（图一六七）。

"海东元宝"、"海东通宝"、"海东重宝"、"三韩通宝"、"三韩重宝"钱均为高丽肃宗王颙时（1095～1105 年，宋绍圣二年至崇宁四年）铸（图一六八、一六九）。

"朝鲜通宝"钱，钱文作真书者为朝鲜（按：李朝太祖成桂即位之次年，即明洪武二十六年，亦即 1393 年，改国

172

图一六七 乾元重宝、东国通宝

号为朝鲜)世宗李祹五年(1422年,明永乐二十年)铸。钱文作八分书者为仁祖李倧十一年(1634年,明崇祯七年)十一月铸,有细郭、阔郭区别,又有当十大钱。

"常平通宝"钱,朝鲜肃宗李焞四年(1678年,清康熙十七年)命户曹常平厅、账恤厅、御管厅、司仆厅、训练都监铸。其后累朝鼓铸,品类繁多,背文多至数千种。有平钱、折二、折五、当五、当百五种(图一七〇~一七三)。

二、琉球古钱币

大世、世高、金圆、中山通宝、世宝钱

"大世通宝"钱,琉球泰久王铸。泰久王,《中山世

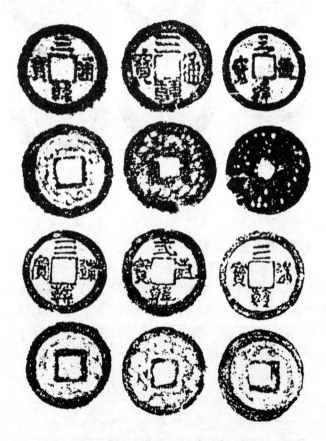

图一六八　三韩通宝

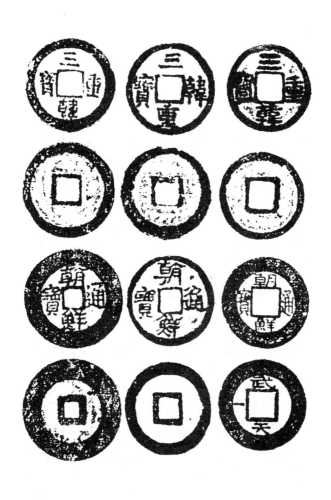

图一六九　三韩重宝（上）、朝鲜通宝（下）

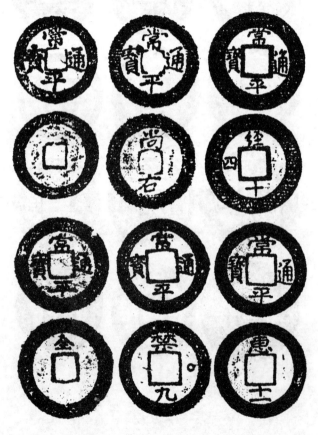

图一七〇　常平通宝（一）

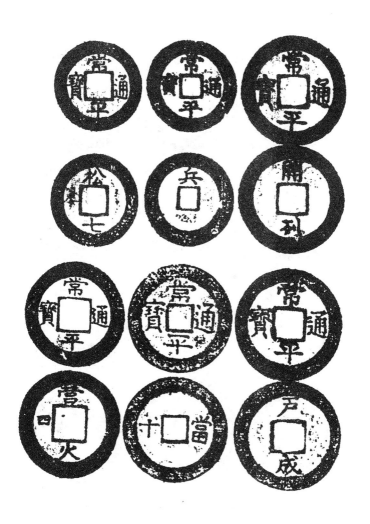

图一七一　常平通宝（二）

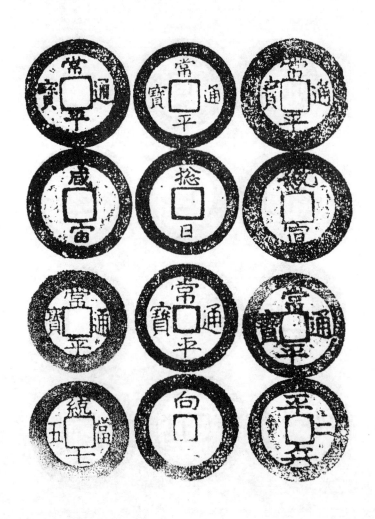

图一七二　常平通宝（三）

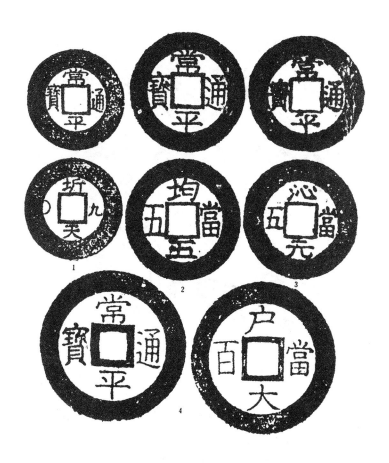

图一七三　常平通宝（四）

鉴》称为中山王尚泰久，其元年（1453年）当明景泰四年。

　　"世高通宝"钱，琉球尚德王铸。尚德王，《中山世鉴》称为尚德世高王，其元年（1461年）当明天顺五年。

　　"金圆世宝"钱，琉球尚圆王铸。尚圆王号金丸，丸圆

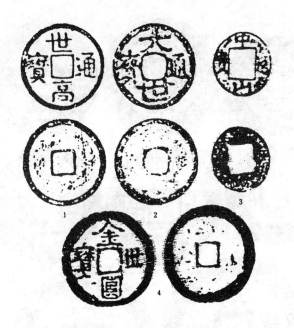

图一七四 琉球古钱

1. 世高通宝 2. 大世通宝 3. 中山通宝 4. 金圆世宝

相通。

"中山通宝"钱，琉球钱，未知铸造年代；或谓琉球王真时铸。

琉球古钱除大世通宝外，在我国均罕见（图一七四）。

三、日本古钱币

和同、开基、太平、万年、神功、隆平、富寿、承和、

长年、饶益、贞观、宽平、延喜、乾元钱

"和同开珍"钱，日本元明天皇和铜元年（708年，唐景龙二年）铸，有银钱、铜钱两种。

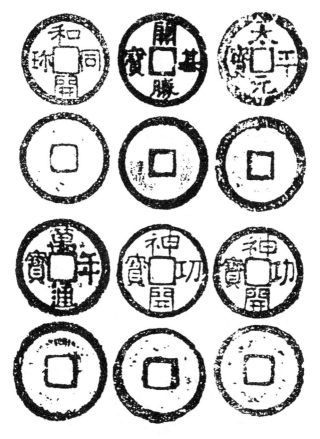

图一七五　和同开珍、开基胜宝、
　　　　　太平元宝、万年通宝、神功开宝

"开基胜宝"金钱、"太平元宝"银钱，前者孝谦天皇铸于天平胜宝元年（749年，唐天宝八年）；后者铸于天平胜宝二年（750年）。

　　"万年通宝"钱，淳仁天皇天平宝字四年（760年，唐上元元年）铸。

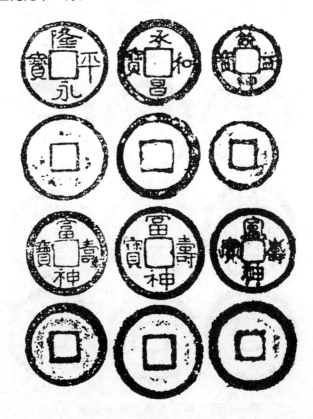

图一七六　隆平永宝、承和昌宝、饶益神宝、富寿神宝

"神功开宝"钱，称德天皇天平神护元年（765年，唐永泰元年）铸（图一七五）。

　　"隆平永宝"钱，桓武天皇延历十五年（796年，唐贞元十二年）始铸。

　　"富寿神宝"钱，嵯峨天皇弘仁九年（818年，唐元和十三年）始铸。

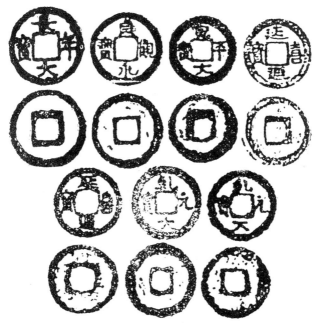

图一七七　长年大宝、贞观永宝、宽平大宝、
　　　　　　延喜通宝、乾元大宝

183

"承和昌宝"、"长年大宝"钱，前者仁明天皇承和二年（835年，唐大和九年）铸；后者仁明天皇嘉祥元年（848年，唐大中二年）铸。

"饶益神宝"、"贞观永宝"钱，前者清和天皇贞观元年（859年，唐大中十三年）铸；后者清和天皇贞观十二年（870年，唐咸通十一年）铸（图一七六）。

"宽平大宝"钱，宇多天皇宽平二年（890年，唐大顺元年）铸。

"延喜通宝"钱，醍醐天皇延喜七年（907年，后梁开平元年）铸。

"乾元大宝"钱，村上天皇天德二年（958年，后周显德五年）铸。又有铅钱（图一七七）。

以上日本早期古钱，和同开宝在中国尚有流传，建国后陕西西安唐墓曾有出土，其余则凤毛麟角。

洪武、庆长、元和、宽永、宝永、仙台、籍馆、文久钱

"洪武通宝"钱，背文"y″"、"治"、"木"，自日本室町中叶至明正天皇宽永三年（1636年，明崇祯九年）铸于岛津氏领内大隅加治木，世称"加治木钱"。有背文"浙"字者。均仿明代平钱式。

"庆长通宝"钱，后阳城天皇庆长初年丰臣秀吉铸于大阪，庆长十一年（1606年，明万历三十四年）德川家康铸于关东。

"元和通宝"钱，后水尾天皇元和五年（1619年，明万

184

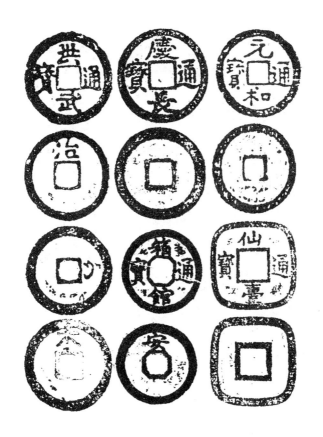

图一七八　洪武、庆长、元和、箱馆、仙台通宝

历四十七年）德川家康铸于关东（图一七八）。

"宽永通宝"钱，后水尾天皇宽永二年（1625年，明万历五年）乙丑，永户田町富商佐藤新助请铸宽永新钱，遂于水户铸宽永通宝钱。其后累朝鼓铸，品类繁多，背有纪年、纪地、纪数及水波纹等，不下千余种。是流传到中国

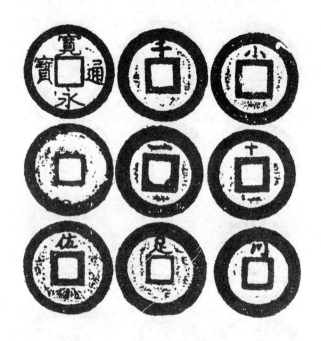

图一七九　宽永通宝（一）

（背素、佐、千、一、足、小、十、川）

数量最多的日本古钱（图一七九～一八一）。

"宝永通宝"钱，或面文仅有"宝永"二字，东山天皇宝永五年（1708年，清康熙四十七年）闰正月铸于京七条。仅见大钱，未见平钱（图一八二）。

"仙台通宝"钱，光格天皇天明四年（1784年，清乾隆四十九年）十一月铸于仙台藩领石卷。钱方形，故称角钱。又有铁钱。

"籍馆通宝"钱，圆孔铁钱，背有"安"字。孝明天皇

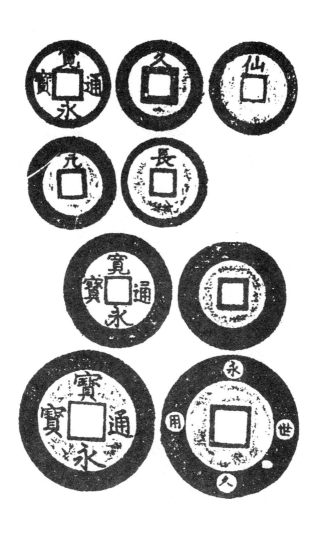

图一八〇 宽永通宝（二）

（背久、仙、元、长、背素、永久·世用）

图一八一　宽永通宝（三）

图一八二　宝永通宝

188

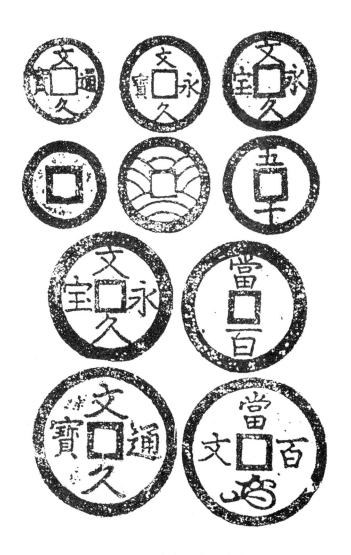

图一八三　文久通宝、永宝

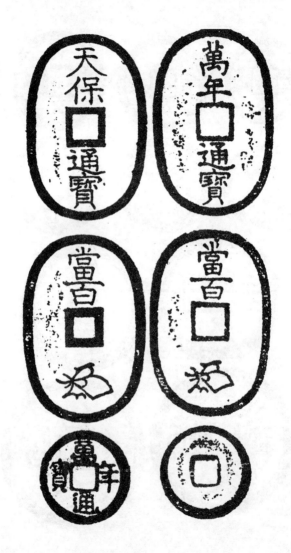

图一八四　天保、万年通宝

安政四年（1857年，清咸丰七年）闰五月铸于籍馆。

"文久永宝"钱，孝明天皇文久三年（1863年，清同治二年）二月铸。今见有当四、当百钱（图一八三）。

天保、万年、琉球、筑前、盛岗铜山钱
此等钱体多椭圆形而方孔。

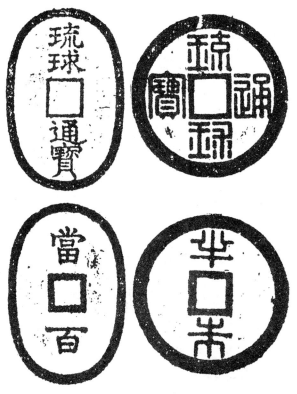

图一八五 琉球通宝

191

"天保通宝"、"万年通宝"钱，日本仁孝天皇天保六年（1835年，清道光十五年）江户浅草桥场村金座铸（图一八四）。

"琉球通宝"钱，孝明天皇文久元年（1861年，清咸丰十一年）铸于摩鹿岛藩。又有圆形大钱，背模铸"半朱"二

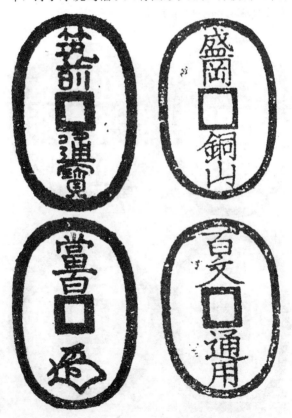

图一八六　筑前通宝、盛岗铜山钱

字，文久二年铸（图一八五）。

"筑前通宝"钱，孝明天皇文久二年铸于筑前福岗藩。

"盛岗铜山"钱，背文"百文通用"，明治天皇庆应三年（1867年，·清同治六年）铸于盛岗藩（图一八六）。

四、越南古钱币

太平、天福、明道、天感钱

"太平兴宝"钱，越南丁朝皇帝丁部领建元太平（970年，宋开宝三年）后铸。面文"太平"纪元，背文"丁"纪王朝号。

"天福镇宝"钱，越南前黎朝皇帝黎桓天福五年（984年，宋雍熙元年）铸，背文"黎"。

"明道元宝"钱，越南后李朝太宗李佛玛改元明道（1042年，宋庆历二年）后铸。

"天感元宝"钱，越南李朝太宗天感圣武年间奉乾王李日中铸，背文有作"乾王"二字者。天感圣武元年（1044年）当宋庆历四年（图一八七）。

建中、政平、元丰、绍隆、开泰、绍丰、大治元宝、通宝钱

"建中通宝"、"政平通宝"钱，前者越南陈朝太宗陈煚建中年间铸，建中元年（1225年）当南宋宝庆元年；后者天应政平年间铸，其元年（1232年）当南宋绍定五年。

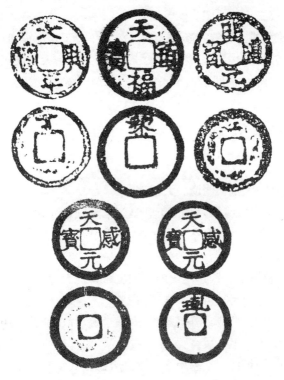

图一八七 太平兴宝、天福镇宝、
明道元宝、天感元宝

"元丰通宝"钱,陈朝太宗元丰年间铸,钱文篆书。元丰元年(1251年)当南宋淳祐十一年。

"绍隆通宝"钱,陈朝圣宗陈晃绍隆年间铸,其元年(1258年)当南宋宝祐六年。

"开泰元宝"钱,陈朝明宗陈𡗶开泰年间铸,背有"陈"字者罕见。开泰元年(1324年)当元泰定元年(图一

194

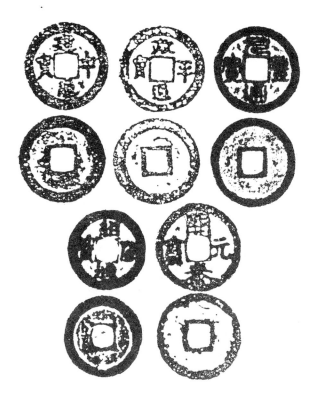

图一八八　建中、政平、元丰、绍隆、
开泰通宝、元宝

八八）。

　　"绍丰通宝"、"绍丰元宝"钱，陈朝裕宗陈暭绍丰年间
铸，钱文分真、行、篆。绍丰元年（1341年）当元至正元
年。"大治通宝"钱，裕宗大治三年（1360年，元至正十八
年）春二月始铸，钱文有真、行、篆、草，又有"元宝"钱
（图一八九）。

195

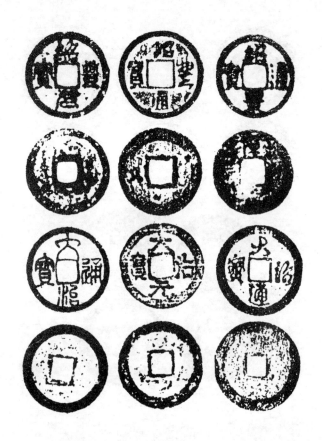

图一八九　绍丰、大治元宝、通宝

大定、熙元、宋元、景元、圣元、天庆通宝钱

"大定通宝"钱，越南陈朝杨日礼改元大定（1369年，明洪武二年）后铸。

"熙元通宝"钱，阮补称王改元熙元（1379年，明洪武十二年）后铸。

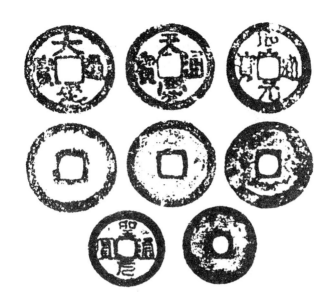

图一九〇　大定、天庆、圣元通宝、元宝

"宋元通宝"、"景元通宝"钱与熙元钱同,殆亦同时所铸。

"圣元通宝"钱,胡朝大虞帝黎季犛圣元元年(1400年,明建文二年)铸。

"天庆通宝"钱,陈暠称安南王改元天庆(1427年,明宣德二年)后铸(图一九〇)。

顺天、绍平、大宝、大和、延宁、天兴、光顺、洪德、景统、端庆、洪顺、陈公、光绍、佛法、宣和钱

"顺天元宝"钱,越南后黎朝太祖黎利顺天元年(1428

年，明宣德三年）铸。

"绍平通宝"钱，后黎朝太宗黎元龙绍平元年（1434 年，明宣德九年）铸。"大宝通宝"钱，黎太宗大宝年间铸，其元年（1440 年）当明正统五年。

"大和通宝"钱，后黎朝仁宗黎邦基大和年间铸，其元年（1443 年）当明英宗正统八年。"延宁通宝"钱，仁宗延宁元年（1454 年，明景泰五年）铸。

"天兴通宝"钱，后黎朝废帝黎宜民改元天兴（1459 年，明天顺三年）后铸（图一九一）。

"光顺通宝"钱，后黎朝圣宗黎灏光顺年间铸，其元年（1460 年）当明天顺四年。"洪德通宝"钱，圣宗洪德年间铸，其元年（1470 年）当明成化六年。

"景统通宝"钱，后黎朝宪宗黎镔景统年间铸，其元年（1498 年）当明弘治十一年。

"端庆通宝"钱，后黎朝威穆帝黎浚端庆年间铸，其元年（1505 年）当明弘治十八年。

"洪顺通宝"钱，后黎朝襄翼帝黎㵮洪顺年间铸，其元年（1509 年）当明正德四年。"陈公新宝"钱，洪顺三年陈珣所铸（图一九二）。

"光绍通宝"钱，后黎朝昭宗黎椅改元光绍（1516 年，明正德十一年）后铸。

"佛法僧宝"钱，陈暠起兵，改元天应（1516 年，明正德十一年）后铸，钱文篆书。

"宣和祐宝"钱，陈暠之子昇改元宣和（1516 年，明正德十一年）后铸（图一九三）。

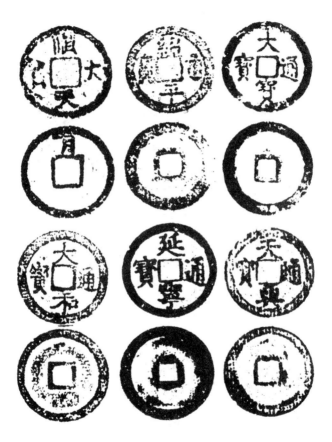

图一九一　顺天、绍平、大宝、大和、
　　　　　延宁、天兴元宝、通宝

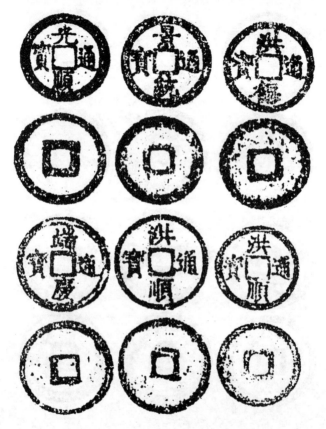

图一九二 光顺、景统、洪德、
端庆、洪顺通宝

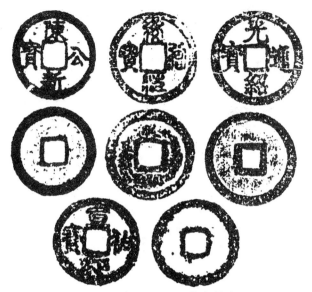

图一九三 陈公新宝、佛法僧宝、
光绍通宝、宣和祐宝

明德、大正、广和、永定、光宝通宝钱

"明德通宝"钱，越南莫朝太祖莫登庸明德年间铸，其元年（1527年）当明嘉靖六年。

"大正通宝"钱，莫朝太宗莫登瀛大正年间铸，其元年（1530年）当明嘉靖九年。

"广和通宝"钱，莫朝莫福海广和年间铸，其元年（1541年）当明嘉靖二十年。

"永定通宝"钱，莫朝莫福源永定年间铸，其元年（1547年）当明嘉靖二十六年。"光宝通宝"钱，莫福源光宝年间铸，其元年（1553年）当明嘉靖三十二年。传世又有"正

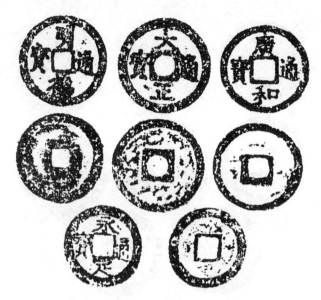

图一九四　明德、大正、广和、永定通宝

通元宝"、"开建通宝"、"崇明通宝"钱，均与永定钱同，古钱学家多附之于莫福源（图一九四）。

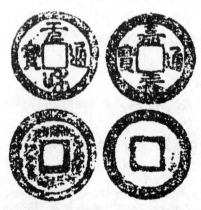

图一九五　元和、嘉泰通宝

元和、嘉泰通宝钱

"元和通宝"钱，越南后黎朝庄宗黎宁元和年间铸，其元年（1533年）当明嘉靖十二年。

202

"嘉泰通宝"钱，后黎朝世宗黎维潭嘉泰年间铸，其元年（1573年）当明万历元年（图一九五）。

永寿、永盛、保泰、景兴、昭统通宝钱

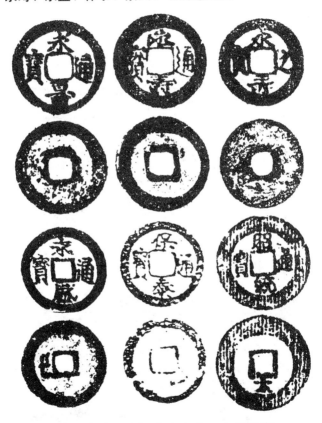

图一九六 永寿通宝、永寿之宝、永盛通宝、
保泰通宝、昭统通宝

“永寿通宝”、“永寿之宝”钱，越南后黎朝神宗黎维琪永寿年间铸，其元年（1658年）当清顺治十五年。钱文有真、草二体。

　　“永盛通宝”钱，后黎朝裕宗黎维禟永盛五年（1709年，清康熙四十八年）铸。“保泰通宝”钱，裕宗保泰年间铸，

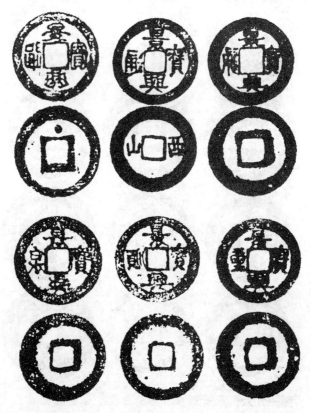

图一九七　景兴通宝、重宝、顺宝、泉宝

其元年（1720年）当清康熙五十九年（图一九六）。

"景兴通宝"钱，后黎朝显宗黎维祧景兴年间铸，其元年（1740年）当清乾隆五年。今见品类繁杂，钱文有真、隶、篆三体。除"通宝"外，有"巨宝"、"大宝"、"内宝"、"全宝"、"重宝"、"中宝"、"泉宝"、"永宝"、"顺宝"等。

图一九八　景兴全宝、永宝、通宝（背一百）、
　　　　　巨宝、大宝

背文庚申、辛酉、壬戌纪年；山西、山南等纪地。景兴钱我国最常见（图一九七、一九八）。

"昭统通宝"钱，后黎朝愍帝黎维祁昭统元年（1787年）铸，时为清乾隆五十三年。

太平、天明通宝钱

"太平通宝"钱，越南顺化太祖阮潢时铸。背穿上铸星或"一、丿"二字。

"天明通宝"钱，顺化肃宗阮福润丙辰十一年（1736年，清乾隆元年）以后，河仙镇都督郑天锡铸（图一九九）。

图一九九　太平、天明通宝

安法、泰德、明德、光中、景盛、宝兴元宝、通宝钱

"安法元宝"钱，顺化"广南国"肃宗阮福澍丙辰十一年（1736年）后由河仙镇都督郑天赐铸，时清乾隆初年。面文"安法元宝"旋读，"元"字篆书，余三字楷书。或读

206

"安元法宝"，待考。

"泰德通宝"钱，越南西山朝阮文岳泰德年间铸，其元年（1778年）当清乾隆四十三年。背或有星月纹，又见草书"万岁"二字。

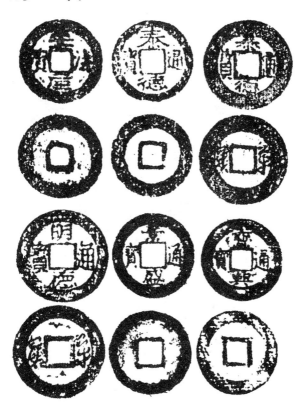

图二〇〇　至法元宝与泰德、景德、明德、景盛、宝兴通宝

"明德通宝"钱，与泰德钱为同时所铸。"明德"非年号，殆为吉语。背亦有草书"万岁"二字（图二○○）。

　　"光中通宝"钱，阮文惠光中年间铸，其元年（1788年）当清乾隆五十三年。又有"光中大宝"钱（图二○一）。

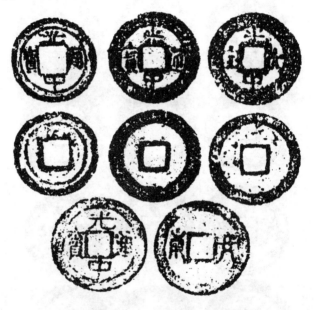

图二○一　　光中通宝、大宝

　　"景盛通宝"钱，阮光缵景盛年间铸，其元年（1793年）当清乾隆五十八年。又有"景盛大宝"钱。"宝兴通宝"钱，阮文缵改元宝兴（1801年，清嘉庆六年）后铸。

嘉隆、明命通宝钱

"嘉隆通宝"钱，越南阮朝世祖阮福映嘉隆二年（1803年，清嘉庆八年）铸。有铜、铅二种，铅钱背有篆书"六分"、楷书"七分"等字（图二〇二）。

"明命通宝"钱，阮朝圣祖阮福晈明命元年（1820年，清嘉庆二十五年）铸。又有大铜钱，明命十年铸于顺化府，以一当百，背铸经传明言，有八字"如山如川如冈如阜"等

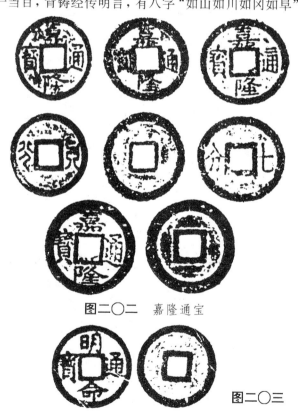

图二〇二　嘉隆通宝

图二〇三

明命通宝（平钱）

图二〇四　明命通宝（大钱）（4/5）

23 种，四字"裕国利民"等 17 种（图二〇三、二〇四）。

治元、元隆通宝钱

"治元通宝"、"治元圣宝"钱，越南黎文傀治元年间铸。

210

其元年（1833年）即明命十四年，当清道光十三年。

"元隆通宝"钱，越南侬文云元隆年间铸。其元年(1833年)亦即明命十四年，清道光十三年。元隆钱背文有"昌"字者（图二〇五）。

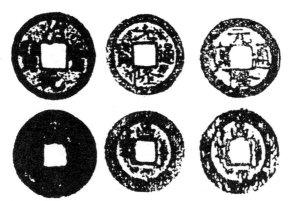

图二〇五 治元、元隆通宝

绍治、嗣德、建福、咸宜、同庆通宝钱

"绍治通宝"钱，阮朝宪祖阮福暶绍治元年（1841，清道光二十一年）三月铸。平钱有铜、铅二种，铅钱背有"河内"二字。又有大铜钱，与明命大铜钱同，今所见背文有40种（图二〇六、二〇七）。

"嗣德通宝"钱，阮朝翼宗阮福时嗣德元年（1848年，清道光二十八年）铸。亦有铜、铅

图二〇六

绍治通宝（平钱）

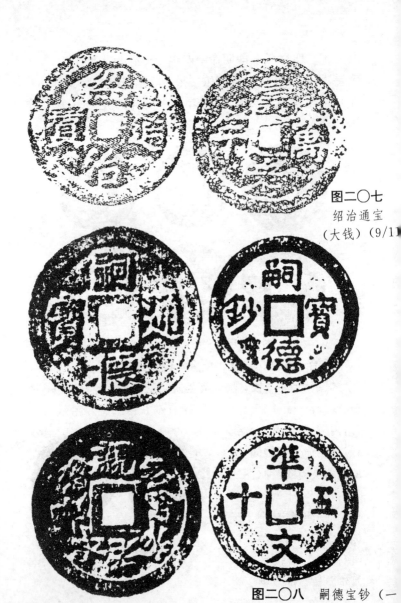

图二〇七

绍治通宝
（大钱）（9/1

图二〇八　嗣德宝钞（一

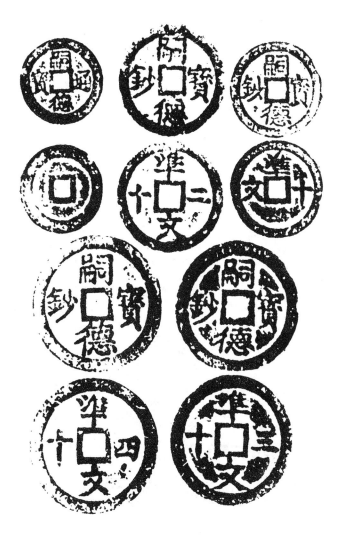

图二〇九　嗣德宝钞（二）

二种。铜钱背有"六文"二字，铅钱背有"河内、山西"等地名。又有大铜钱，背文亦有 40 种。并有金钱。嗣德十八年又铸"嗣德宝钞"钱，今所见背有准一十、二十、三十、四十、五十、六十文共 6 种（图二〇八、二〇九）。

"建福通宝"钱，阮朝简宗阮福昊建福元年（1884 年，清光绪十年）铸于河内府。有铜、锌二种钱。

"咸宜通宝"钱，阮朝咸宜帝阮福明咸宜元年（1885 年，清光绪十一年）铸。背或有"六文"字样。

"同庆通宝"钱，阮朝景宗阮福升同庆元年（1885 年）

图二一〇　建福、咸宜、同庆通宝

十月始铸。有平钱、折二两型（图二一〇）。

成泰、维新、启定通宝钱

"成泰通宝"钱,阮朝成泰帝阮福昭成年间(1889～1906
年)铸,其元年当清德宗光绪十五年,背文有"六文"、

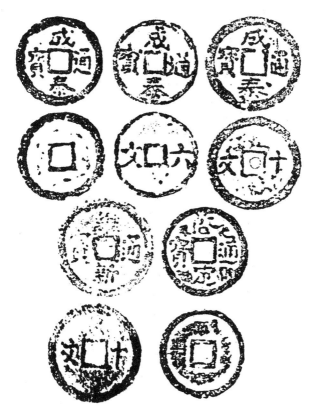

图二一一　成泰、维新、启定通宝

"十文"两种。

"维新通宝"钱，阮朝维新帝阮福晃维新年间（1907～1915 年）铸，其元年当清德宗光绪三十三年。此钱形同成泰通宝钱，有大小两种，大钱背铸"十文"，小钱光背。

"启定通宝"钱，阮朝启定帝阮福昶启定年间（1916～1925 年）铸。其元年当民国五年。此钱光背，传世稀少。另有机制有郭、无郭小钱两种，与浇铸钱相仿。在越南铸币史上可视作末代古钱（图二一一）。

越南古钱在中国流传的尚有"周元通宝"、"治平圣宝"（圆孔）、"祥圣通宝"钱，体小，质劣，文字亦不规范，常见，但难定系年。

古钱名词简释

古钱与古钱学

古钱指古代的金属铸币，兼及曾经充当一般等价物——货币的贝壳。古钱是重要的历史文物，是研究古代经济史、货币史必不可少的实物资料。

古钱学是研究古代钱币的科学。它以古代钱币作为研究对象，从钱币的形制、材料、金相、文字及出土时间、地点和数量，结合历史实际，探求有关社会经济制度、商品交换关系以及货币发生、发展的规律。

钱谱

钱谱是我国古代研究古钱的专著，一般采用文图并重的形式。最早的钱谱是南朝萧梁时顾烜编著的《钱谱》（顾烜《钱谱》中常引刘氏《钱志》，殆即《隋书·经籍志》所引刘潜《泉图记》）。现存最早的钱谱是宋代洪遵《泉志》。清人李竹朋《古泉汇》以及他与鲍康合撰的《续泉汇》，近人丁福保《古钱大辞典》，都是搜集资料较为完备的古钱专著。

　　＊按：或谓我国现存最早钱谱并非洪遵《泉志》，实为佚名作《货泉沿革》，成书于北宋徽宗朝，自元代收入《事林广记》，《事林广记》（作者陈元靓）成书于南宋绍定以后。可参阅。

钱与泉

　　钱本为我国古代青铜铲状农具的名称，《诗·周颂·臣工》"庤乃钱镈"的钱和镈就是这类农具。商周时期，钱、镈成为商品交换的媒介，具有货币的职能。以后铸币取象其形，并袭其名。今存古币中有铲状的布钱，即仿钱、镈形状的青铜铸币。

　　泉即钱。《周礼·地官·泉府》疏："泉与钱，今古异名。"泉字原是布钱的象形字。泉、钱、布三称，均源于铲状的布钱。

货

　　《说文》："财也，从贝，化声。"《书·洪范》："二曰货"。疏："货者金玉布帛之总名。"按《周礼·太宰》："六曰商贾，阜通货贿。"郑司农解："行曰商，处曰贾，阜盛也，金玉曰货，布帛曰贿。"《汉书·食货志》："货谓布帛可衣，及金刀龟贝，所以分财布利通有无者也。"即包括实物货币、金属货币及铜铸币。

币

币，帛也（见《说文》）。《战国策·秦策》："使苏秦以币帛约乎诸侯。"《史记·循吏传》："（楚）庄王以为币轻。"又《吴王濞传》："乱天下币"。《集解》引如淳曰："币，钱也。以私钱淆乱天下钱也。"《史记·平准书》："及至秦，一中国之币为（二）等，黄金以溢名，为上币；铜钱识曰'半两'，重如其文，为下币。而珠玉、龟贝、银锡之属为器饰宝藏，不为币。然各随时而轻重无常。"《汉书·食货志》："秦兼天下，币为二等：黄金以溢为名，上币；铜钱质如周钱，文曰'半两'，重如其文。而珠玉龟贝银锡之属为器饰宝藏，不为币，然各随时而轻重无常。"

货币

货币是固定地充当一般等价物的特殊商品。在原始社会末期，它随着社会分工和商品交换的发展，自发地从商品界分离出来。一般等价物的作用固定于何种商品，一般带有偶然性。最初充当货币的是某些主要消费品、外来物品或某种装饰品，例如牲畜、兽皮、布帛、玉贝和金属都充当过货币。后来随着社会生产力的发展，随着交换范围的扩大，黄金、白银等贵金属就逐渐代替其他商品充当货币。因为金银的自然属性，如同质、可分、便于保存、体积小、价值大、能携带等，最适宜于作为货币的材料。马克思说："金银天然不是货币，但货币天然是金银。"货币既然是一种商品，它就具有商品的属性，具有价值和使用价值。但它是特殊的商品，是作为一般等价物的商品。因

219

此，它和其他商品不同：（1）其他一切商品虽然有价值，但是它们的价值只有通过同货币交换才能表现出来；而货币则是一般等价物，它本身直接体现为社会劳动，所以它是价值的一般代表；（2）其他一切商品都有使用价值，这种使用价值又能以它的自然属性满足人们的某种特定需要，如衣服能够御寒，麦食可以充饥等，而货币（黄金）则不仅在它的自然属性上也具有满足人们特定需要的使用价值，如可以做用具和装饰品等，还具有另外一种使用价值，即可以购买任何其他商品。它有五种职能：价值尺度、流通手段、贮藏手段、支付手段和世界货币，其中前两种为基本职能。在中国，先秦时期，牲畜、兽皮、珠玉、贝、布帛及金属都充当过货币，当时金属货币有"三金"：黄金、白金、赤金，即金、银、铜。《汉书·食货志》："秦兼天下，币为二等：黄金以溢为名，上币；铜钱质如周钱，文曰'半两'，重如其文。而珠玉龟贝银锡之属为器饰宝藏，不为币……。"中国以铜铸货币早在商代后期，是世界上以铜铸币最早的国家。中国以铜块为铸币币材，一直到二十世纪初期。

币材

我国先秦时期，自然货币和商品货币是以龟、贝、骨、珧、玉、石、皮、粟、帛、牲畜为币材，以贝为主（贝在云南直到清初仍作通货）。金属铸币，是以金、银、铜、铁、铅、锡为币材，以铜为主。至于隋末剪铁皮糊纸为钱，五代刘仁恭以堇泥作钱，令部内行使，此在乱世。至于象牙、竹、木作牌、码，均非正式通货。货是金、玉、布、帛的总名。《汉书·食货志》："货谓布帛可衣，及金刀龟贝。"《史记·平准书》："及至秦，一中国之币为（二）等：黄金以溢为名，为上币；铜钱识曰'半两'，重如其文，为下币。"

上币、中币、下币

《管子·国蓄》："以珠玉为上币，黄金为中币，刀布为下币。"又《史记·平准书》："黄金以溢为名，为上币；铜钱识曰'半两'，重如其文，为下币。"

贝布

西周成王时《曩卣》铭："王姜令作册曩安尸（夷）白（伯）。尸白賓贝布……。"贝是天然的物品货币，布即镈，西周铜质铲状农具称为"镈"，镈是交换中的商品，并且在西周早期取得了货币的基本职能。

穀帛货币

穀帛货币与金属货币在中国历代都把两者并重。它们所能发挥的货币职能作用，在不同时期有不同程度的表现。因为穀帛是人民生活的必需品，在战乱时期更是人们生存所不可缺少的东西，很容易为人们所接受，甚至代替了金属货币。秦汉以来，政府收支一部分用金银和铜钱，一部分始终没有离开过穀帛。《云梦秦简·金布律》："钱十一当布"，这是秦国法律对布作为货币流通的规定官价。两汉官俸，一直以粮食计算，一部分始终没有离开穀帛。王莽末，东汉晚期和曹魏初期魏境内，都以穀帛为货币。两晋及南北朝时期，穀帛的货币地位也特别突出。唐宋普遍使用绢帛，其使用范围超过钱币。布帛的规格，《云梦秦简·金布律》规定：一布必须长八尺，宽二尺五寸。汉以后规定阔二尺二寸为幅，长四丈为匹，六十尺为端。汉以前一匹绢抵三匹布，西汉时，两匹布抵一匹绢。南北朝时改三匹绢抵两匹布。用钱币表示绢布价值，各代不同。用穀帛作货币，其本身是有许多缺点的。如"湿穀以要利，作薄绢以为市"（《晋书·食货志》），再"裂匹以为段数。缣布既坏，市易又难"（《晋书·张轨传》）。穀帛只有在特殊情况下才能用作支付手段。

皮币

自从第一次社会大分工出现后，兽皮即为畜牧、狩猎部落与农业部落进行交换之重要商品，在交换中逐渐取得交易媒介的地位。我国商周时期曾用兽皮充当实物货币。1975 年，陕西省岐山县出土裘卫盉，器铭：三年"炬伯庶人取堇（觐）章（璋）于裘卫，才（财）八十朋，厥贾贝舍田十田。矩或取赤虎（赤色虎皮）、麂贲（牝鹿皮饰）二，贲韐（有纹饰蔽膝）一，才廿朋贝舍田三田"。反映了西周共王年时一桩交易。汉武帝元狩四年（前 119 年），实行了一次币制改革，发行白金三品及白鹿皮币。《史记·平准书》："有司言曰：'古者皮币，诸侯以聘享。金有三等，黄金为上，白金为中，赤金为下。今半两钱法重四铢，而奸或盗摩钱里取鎔，钱益轻薄而物贵，则远方用币烦费不省。'

乃以白鹿皮方尺，缘以藻（一作紫）缋，为皮币，直四十万。王侯宗室朝觐聘享，必以皮币荐璧，然后得行。"《史记·孝武帝纪》："天子苑有白鹿，以其皮为币，以发瑞应，造白金焉。"《索隐》案："《食货志》皮币以白鹿皮方尺，缘以馈以荐璧，得以黄金一斤代之。"又《汉律·皮币律》："鹿皮方尺，直黄金一斤。"亦见《史记·封禅书》。《西汉会要》卷五十三："元鼎二年（前 115 年）罢白金币。"白金与白鹿皮均为御史大夫张汤所提倡，殆皮币亦罢于张汤死年。

称量货币

即"重量货币"。开始以金属为货币时，犹未依一定形式铸造，亦无一定成份及重量，流通时，必须通过成色鉴定和称衡重量，以定价额，叫做"称量货币"。如我国古时金银锭、金银锞，再如我国商周时期之铜块、铜饼，亦为"称量货币"。

铸币

起初，金属货币都是直接以条、块形状流通，因而每次交换都要查成份、称分量，很不方便。随着交换的发展，富商开始在金属条、块上打上自己之印记，以他们之信用保证金属条、块之成色和重量，这就是初期铸币。但是，当交换突破地方市场范围，个别商人印记便失去威信，于是铸币就开始由国家来集中铸造，并使它具有一定形状、重量和面额价值。起初，铸币形状多种多样。在中国历史上曾流行贝形、铲形和刀形等铸币。铜贝是中国最早的铸币，流行于商末、西周和春秋战国时期。后来由于清理和携带不方便，而改铸有孔圜钱。铸币重量经长期流通后，就会因磨损而减轻，成为不足值货币。这样就造成铸币额面价值和实价之差异。国家往往用法律规定一定差额，这就叫做"公差"。公差以内仍可以流通，这是由货币作为流通手段特点所决定。国家往往铸造各种不足价货币。这里隐藏着用纯粹货币符号代替金属货币来行流通手段之可能性。后来终于出现。

钱币

钱者，货也。泛指金属货币。《说文》段玉裁注："钱，铫也，古者田器，从金，戋声。《诗》云：'痔乃钱镈'。一曰货也。"币者，钱也。《史记·吴王濞传》："乱天下币"。钱币，货之一类，钱金属为之。朱骏声《说文通训定声》："古者货贝而宝龟，……至秦废贝行钱。"章炳麟《小学问答》："古之铸钱者，形如契刀，故谓之刀；亦像枲甫，故谓之钱。"盖古时刀削、农具均可取得货币之基本职能，为交易之媒介。其后铸造钱币，多沿其形，并用其名。张自烈《正字通》："冶铜为钱易货也，古之为币，所有易所无，布帛金刀龟贝之法穷，钱始行。"按钱古作泉，秦作钱。先秦青铜钱币有铸贝、刀化、布钱、圜法。铜铸贝始于商末，流通于西周，春秋战国亦有有文字铜贝，俗称蚁鼻钱。刀化始于春秋齐国，燕赵继之。布钱始于西周春秋之际，春秋时周景王铸大钱，即空首布钱。圜钱始于战国秦。西汉铸"筴钱"（秦时民间已有"筴钱"）、八铢、四铢，钱文"半两"。又铸三铢、五铢，重如其文。五铢钱轻重适宜，自唐武德四年（621年）废止五铢，铸开元通宝（俗读开通元宝），钱文通宝自唐开始，重宝自唐乾元重宝始，元宝自唐大历（或读开通元宝）始。泉宝自唐乾封、玄宝自唐咸通始。信宝系南宋刘光世铸，崇、金、永、真、新、安、至、洪、万、珍、兴等宝自南宋嘉定时始铸。国号圆钱始于匽，年号圆钱始于成汉兴。四铢钱重如其文，二铢钱文永光、景和铸于刘宋。太和六铢铸于南陈。铁钱始于西汉。金爰始于郢爰，西汉有金五铢。银贝始于先秦中山（无文银贝）及楚（银蚁鼻）。唐有金银开元。古之铸钱，大都以铜为主，或以铁铸。而铅钱始于五代后梁贞明二年（916年）（或谓始于先秦）。钱币书法有真、草、行、隶、篆，先秦钱币保存了列国古文字以及历代书家真迹。至于回纥、吐蕃、西夏、女真、蒙、满、苗等少数民族文字，更为珍贵。

黄钱、青钱

古钱以红铜六成、白铅四成配铸者，谓之黄钱。以红铜五成、白铅四成一分半、黑铅六分半、锡二分四配铸者，谓之青钱。

铅钱

中国最早的铅钱是五代后梁贞明二年（916年）闽王王审知所铸"开元通宝"铅钱。《十国纪年·闽史》："王审知为闽王，梁贞明元年（915年）汀州它化县出铅置铅场。二年（916年）铸铅钱，与铜钱并行。"常见铅小平有两式：一似"会昌开元"，背穿上"闽"字、"福"字；另一种，面文还童体，开字关门，元字下面双挑，背穿上"福"，径2.2厘米。当十大铅钱罕见，面文与开元当十铜、铁钱相似，径3.2厘米，背穿上"闽"，下仰月。其后，南汉乾亨二年（918年）铸"乾亨重宝"，以十当铜钱一枚。清咸丰四年（1854年）曾铸造大小铅钱，七年停铸。按先秦已有铅钱，非正铸。

铁钱

中国古代以铁铸成钱币，由于铁的价值小，所以铁钱的铸造意味着货币贬值。过去总引用《旧汉书·公孙述传》："蜀中童谣言曰：'黄牛白腹，五铢当复'"。于是推论开始铸造的铁钱是西汉末年公孙述在四川成都称帝时（25～26年）所铸的铁五铢。其实，中国铁钱早在西汉前期就出现了。1960年，湖南长沙南郊砂子塘五号墓（西汉前期墓）出土铁半两33枚。梁武帝普通四年（523年）又铸铁五铢，使物价飞涨。五代和宋，使用铁钱。清咸丰四年（1854年）也曾铸造铁钱，其面额有当五、当十以至当五百、当千等多种，九年停铸。

纸币

纸币本身没有价值，不能执行价值尺度、贮藏手段和世界货币职能，但象征着一定金属货币量，可代替足值货币充当流通手段和支付手段职能，但与银行券不同，即不能兑现。在货币充当流通手段职能时，它仅起媒介作用，人们并不计较它本身有多少价值，可以不必由足值货币充当。在流通中，不断磨损的铸币，仍可换取同量价值相等之商品，因而引起纸币的采用和流通。纸币既然是货币符号，其流通量就应当等于金属货币流通量。如果超过商品流通量中所需金属货币量，纸币就会贬值。世界上最早的纸币出现在中国，宋代由政府发行的交子、关子、会子，在改为不兑换后，就是纸币。一般由国家发行，强制通用。

楮币

亦称楮券，即纸币，指宋、金印发之会子、宝券等。因为当时的纸多用楮皮制成，楮为桑科落叶乔木，故通称纸为楮，名楮币。周必大《二老堂杂志》："近岁用会子，乃四川交子法，特官券耳，不知何人目为楮币，遂入殿御题。"《宋史·李道传传》："夏大旱，道传应诏言楮币之换，官民如仇；钞法之行，高贾疑怨。"又《宋史·席旦传》："蜀用铁钱，以其艰于转移，故权以楮券。"

孔方兄、青蚨、上清童子

孔方兄、青蚨、上清童子为钱之隐名。方孔圜钱谓之孔方兄。晋鲁褒《钱神论》："亲之如兄，字曰孔方"；又"见我家兄，莫不惊视"（《晋书·鲁褒传》）。上清童子为古钱之隐名。唐贞观中，岑文本在山亭避暑，午寐初醒，有叩门者，药竖报云："上清童子元宝，特此参奉"。文本性素慕道教，束带命入，乃二十以下道士，谈论至日暮而别去，至院墙下不见，文命掘地得墓，有钱一枚。方悟上清童子为青铜之名，元宝为钱之文。见《博异志》。青蚨亦名鱼伯。《淮南子·万毕术》"青蚨还钱"注："以其子母各等，置瓮中，埋东行阴垣下，三日复开之，即相从，以母血涂八十一钱，亦以子血涂八十一钱，以其钱更互市，置子用母，置母用子，钱皆自还也。"世称钱为青蚨，本此。

阿堵物

钱之别称。六朝时口语"这个"即"阿堵"。时人王夷甫雅癖而从不言钱，妇欲试之，令婢以钱绕床，不得行。夷甫晨起见钱，呼婢曰："举却阿堵物。"后因王夷甫语，遂以"阿堵物"为钱之别称。

出谱品、孤品、创见品

以前钱谱均未收录的古钱，称为"出谱"或"出谱品"。

钱珍雕母一般可称作"孤品"。又创见或迄今钱界独存一品，谓之"孤品"。如应圣元宝背拾、隐文永和通宝等今仍属"孤品"。

前所未见第一次发现的钱币称"创见"或"创见品"。

布面、布背、布首、布身、布肩、布腰、布足

布面指铸有主要铭文的一面，铸文如"平阳"、"安阳"等等。布背指布化的背面。凡没有铭文的，称素背或光背。布背纹饰有三斜文、直纹，或有铸一、二辅助性文

字的，如"左"、"右"、"两"、"十二铢"、"乙"、"十货"等等。布首即布銎。布身即銎部以外的实体部分。布肩即布身与布首相连的伸突处。布腰指布身中部两侧。布足即布身下部两端。

刀首、刀身、刀柄、刀环

刀首是刀化最上端的部位。刀身指刀化的主体部分。刀柄指刀形的把手部分。刀环即刀化最下端的圆环。

刀面、刀幕、刀锷、刀脊

刀面指主要铭文的一面，铸文如"齐"、"匽"等。刀幕即背面，有素面的，也有铸数字、记号、炉座、吉语及地名等等的。刀锷即刀形的刃部。刀脊指刀形的背部，即与刀锷相对的部位。

弧折、磬折

弧折即刀脊外部成弧线状。磬折即刀脊外廓在刀身与刀柄连接处，呈磬折状。按身偻如磬，谓之磬折。《礼·曲礼》："立则磬折垂佩。"疏："身宜偻折如磬之背，故云磬折也。"刀化系指匽刀，早期匽刀多呈弧折，体形略大；晚期多呈磬折，体形较小。

面、背、幕

钱的正面简称面，一般铸有文字，称面纹或钱纹。面有竖线称竖纹，横线称横纹。

钱的背面简称背。背有文字称背文;有竖线、横线亦称竖纹、横纹;如无文字或纹饰,称光背,亦称幕(màn),今一般指钱背为幕。

穿、郭、肉

钱的方孔或圆孔称穿,亦称好,或称函。穿外的钱体称肉。肉的外缘称边,或称外部;内缘形成边框的称内郭,或称好郭、函郭(图二一二)。

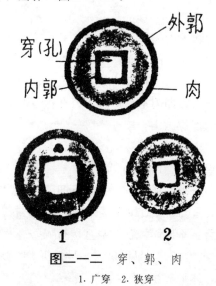

图二一二 穿、郭、肉
1. 广穿 2. 狭穿

广穿、狭穿、花穿

古钱穿孔较一般古钱为大者称广穿;小者称狭穿;不成正方形者称花穿,如六角穿孔称龟甲穿,八角穿孔称菱花穿(图二一二)。

重轮、重好、阴郭

外郭双重称重轮，亦称重郭；内郭双重称重好，亦称重穿，或称重函。内郭较外郭低称阴郭。

好角、四决、四出、粟文

方好四角称好角；内郭四角向外反出称四决，或称四决纹；四决斜纹到外郭称四出，亦称四出文；好角处略有粟状小点耸起，称粟文。

钱文、背文

铸在钱面上的文字称钱文或面文，如"半两"、"五铢"等。钱文自上而右，自下而左回环读之，曰回读，又称旋读；钱文自上而下，自右而左读之，谓直读，又称对读或顺读。钱面若为图，则称钱纹或面纹。

铸在钱背上的文字称背文，内容有纪地、纪监（局）、纪年、纪干支、纪值、纪数、纪事物、纪范次、纪政权等等。

背纹包括竖纹、横纹、星（•）、月（☽）、瑞雀（⚘）或祥云（♧）等等。齐刀背纹作"☰"及"♦"。

星纹，或称星号。为突起圆点。以穿上星为多。一星常见，双星者少。穿上下各一星称"双柱"；上下为两星或上四星称"四柱"。如"双柱五铢"、"四柱五铢"。五铢穿上或下有半星谓之穿上半星、穿下半星。星纹特大称"日纹"。月纹俗称"指甲纹"，月纹上弯称"仰月"，下弯称"俯月"，穿侧曰"斜月"，直立称"站月"。双月、四月者

231

唐开元通宝有之，罕见。祥云、瑞雀纹见于唐乾元重宝钱。水波纹可见于蜀太平百钱。日本宽永通宝亦有水波纹背者。

直读、旋读、横读、环读

钱文四字，按上、下、右、左读者，谓"直读"；按上、右、下、左读者谓"旋读"，或称"右旋读"；按上、左、下、右读者谓"左旋读"；钱文两字，按右、左读者谓"横读"，如半两、五铢等，亦称"顺读"；"环读"如先秦"珠重一两·十二"，须"环读"。

称提

南宋时经济术语，指维持或恢复纸币购买力。《续文献通考·钱币》："有钱而后有楮（纸币），楮滞则称提之说兴焉。……钱不甚荒，则楮不偏胜，此称提本务也。"称提主要办法为：用现金收兑跌价纸币，限制发行总额，规定行使期限，按期调换等。《宋史·食货志》："昔高宗因论四川交子，最善沈该称提之说，谓官中常有钱百万缗，如交子价减，官用钱买之，方得无弊。"这是中国较早兑换纸币发行的理论。按南宋初，户部发行纸币"交子"和"会子"，三年换发一次，并兑换现钱。后因应付军费开支，发行过滥而贬值，当时乃有各种维持"交子"、"会子"信用拟议，统称"称提"。而宋时亦有人称维持铜币正常流通为"称提"。

足陌、短陌与省陌

"陌"通"百",亦作"佰"。"足陌"币每贯钱十足支付一千文。或指每百足数。《梁书·武帝纪》:"顷闻外间多用九陌钱,陌减则物贵,陌足则物贱……自今可通用足陌钱。"以不足百数之钱作百钱使用,谓之"短陌"。又《金史·食货志》:"时民间以八十为陌,谓之短钱,官用足陌,谓之长钱"。以不足短陌定数之钱,作短陌使用,谓之"省陌"。《文献通考·田赋考》:五代汉隐帝时,"三司使王章聚敛刻急,以旧钱出入,皆以八十为陌;章始令入者八十,出者七十七,谓之省陌"。按省陌制起源于东汉。盛唐用足陌钱,但唐宪宗元和中交饰用钱每贯除二十文。昭宗末京师以八百五十为贯,每陌八十五文。五代以来,以七十七文为一百。宋初纳税用八十或八十五为一百。各州私用有以四十八文为一百者。太平兴国二年一律以七十七文为一百。《宋史·食货志》:"宋初,凡输官者亦用八十或八十五为百,然诸州私用则各随其俗,至有以四十八钱为百者,至是,诏所在用七十七钱为百。"

版别

版别一词起源于唐宋翻砂铸钱法。明代《天工开物》记载明代铸钱法,其工艺过程:木框中填土炭末,排放锡母钱,底面两框为一套。每套一次所铸钱,称为一版。从而将这一词引入钱币学中。于是任何古钱凡形制和钱文极为相似者称为一种版别。

古钱版别的形成,主要是由于古代铸钱工艺条件。春秋战国至南北朝，早期用泥陶范，随铸随毁，同版钱极难找到。战国时期出现了石铜范，又有铜母范，钱范的使用率提高。秦汉铜母范出现，同版钱较前增加，钱学上的大版别逐渐形成。唐宋至清末，采用母钱翻砂法，大版别的作用在钱学上较前更为突出。

大版别、小版别

古钱根据彼此差异细分出若干种，称为分别。习惯上把数量多、较常见、差别较大者称为"大版别"，或称"大分别"；反之则称为"小版别"，或"小分别"。

大型、大样、大字与小型、小样、小字

同时铸造的同一种钱，用版别区分大小，大者称大型、大样；小者称小型、小样。字比常品为大，称大字；仅某字有大小特征，则称某字为大字或小字。

对文与綖环

把一枚钱凿分为内外两部分，内称对文（亦称剪边或剪轮），因钱文去其半，存其半，故名；外称綖环，綖即线，因外郭残存如线，故名。以凿五铢钱为常见。或以凿成者称剪边、剪轮，特铸者为对文。又面背同文亦称对文，或称合背（图二一三）。

传形与错范

钱文左右易位称传形，又称左读。如半两转为"两

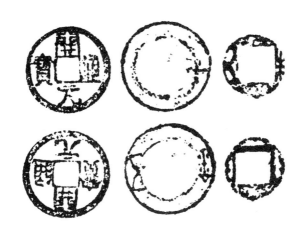

图二一三　对文、綖环、合背

图二一四　传形、错范、重筑

半"，五铢转为"铢五"，货泉转为"泉货"。又面文互易，且均反书，亦称传形。如钱文一字反书，或字的一部分反书，则称某字或某字某部分传形。

浇铸时合范不准，钱形越轨，称错范。文字流铸不全的称走范。文字错范有明显勾画的亦称重筑（图二一四）。

正用钱与厌胜钱

作为正式通用的钱币称正用钱。厌胜钱亦称"压胜钱"。可分为宗教神学、谶纬迷信、民族风采、世间习俗四大类。源于自然崇拜与生殖崇拜。其目的是吉而庆之，厌而胜之。这是厌胜钱的瑞应性。如汉画像五铢钱，既是厌胜品，又可掺在正用品中行使，纪念币多半如此，这是厌胜钱的"二重性"。诸如避兵、辟邪、上梁、镇库、生肖、八卦、庙宇、供养、秘戏、吉语、祝寿、八仙、冥钱、瘗钱等，其厌胜性浓郁。镂花、芦雁、挂灯、吉语、凭信等，与美术、工艺、书法、史地、文化、宗教有关。至于筹码博具、钱币等等，其形如钱，有的长久混入正用品中，如选仙，铸造精美。前者入世俗，后者入宗教，未尝不可。须说明来源及用途。故钱界泛称"厌胜"（图二一五～二一八）。

制钱

历代官局所铸之钱，形式、文字、重量、成色皆有定制，谓之制钱。如明朝规定其本朝所铸钱币为制钱，前朝的钱统称旧钱。对两者在比价及使用上都规定有差别待遇。明洪武七年（1374年）颁行"洪武通宝"制钱，分小平、折二、折三、折五、当十等五种钱。钱背右边分别有一钱、二钱、三钱、五钱、一两等字，当十钱穿上有"十"字。由中央集中铸造。规定洪武钱成色应为百分之百铜，生铜一斤铸小平钱160文，即每个小平钱应含生铜一钱，余类推。清顺治年间始定钱法。钱的成色规定为七成生铜，三成白铅，足陌一千文为一串。钱的重量，顺治元年（1644年）定

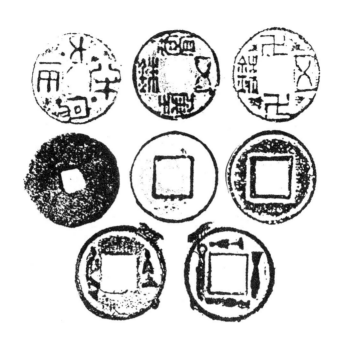

图二一五　两汉压胜钱

图二一六　九叠篆泉府元神厌胜钱（9/10）

图二一七　纪念品（一）（4/5）

为制钱，每文重一钱；二年为一钱二分；八年为一钱二分五厘，十七年（1660年）改为一钱四分，还规定了五种钱式："素背"、"背局名"、"背局一厘"、"背满文"、"背满汉文"钱。

官炉钱

238

由国家或国家授权地方设监起炉所铸之钱谓之官炉钱。如西汉上林三官五铢钱，清户部宝泉局、工部宝源局、地方宝苏局、宝浙局、宝武局、宝福局、宝南局、宝川局均属官炉钱。至于历代少数民族、封国或割据政权设炉所

图二一八　纪念品（二）

铸之钱，钱界亦视为官炉钱。

私铸钱

民间及坊间所铸钱币称私铸，私铸意在牟利，所铸钱币一般轻小粗劣，铜色、文字均低恶于官炉钱。如政府不准私铸通用钱，私铸之则为盗铸，违法。见《汉书·食货志》："县官往往即多铜山而铸钱，民亦盗铸，不可胜数。钱益多而轻。"

奸钱、恶钱、悭钱

奸钱、恶钱、悭钱均系私铸劣币。悭钱指某些地方势力铸造的钱，这些钱一般较官铸正式通货轻小。清官炉亦有官炉私铸。钱型较薄，币材低劣。

后铸钱

后世启用前代年号补铸或重铸的钱币，如大中通宝部分纪地钱，即于洪武年间按洪武钱制所补铸，泰昌通宝是泰昌帝死后由其太子天启帝补铸。此类钱为后铸钱。又元初民间以"大观通宝"为文铸钱，字体怪异，钱界亦称"后铸钱"。

试范钱

钱开铸前先以铜汁试浇的钱样，称试范钱，亦称"试样钱"。

初铸钱

初以钱范或母钱浇铸出来的钱，叫做"子钱"，亦称"初铸钱"、"头炉钱"。这种钱文字峻深，边郭坚挺，品相佳美精整。

样钱、子钱、母钱、祖钱

样钱有两种：一系进呈样钱，一系部颁样钱。进呈样钱是送给最高统治者审查，以备选用。有牙样、蜡样、木样、铜样四种。部颁样钱则为中央户部或工部制造铜钱，铸造工整精美，颁发给各地钱监或钱局，即可作为样钱，又可当作母钱。

唐以后改用钱模翻砂，因此出现母钱。钱有雕母、铸母两种。雕母有木雕、铜雕、锡雕及牙雕四种。铸母则由祖钱翻铸而成，有铜、锡两种。祖钱亦称雕母祖。用铜块或锡、铅块直接雕刻成钱模，铸钱时用祖钱作模，翻铸母钱。子钱为通用制钱，是与样钱、母钱、祖钱相对而言的。

对子钱

亦称"对钱"，又称"对品"。其钱文、轮廓、大小、厚薄、铜质等相同，惟采用不同的书体，但字形笔势仍互相吻合，又称"和合钱"。始于南唐，盛于北宋。如南唐开元篆、隶成对。北宋天圣、明道、元丰、熙宁、政和、重和、宣和均可作对。

套子钱

钱可配套，如新莽的"六泉"、"十布"。唐会昌开元等是。前者以币值等级配套，后者以背文铸地配套。南宋庆宗咸淳元宝背文"元"至"八"字，系纪年配套；顺治通宝可按五种版式配套；康熙通宝可按钱监配套；单钱可按十二属配套，等等。钱家名之曰"套子钱"。

出号钱

钱号特大，名曰"出号钱"。如开元通宝钱径 14 厘米，大观通宝钱径 6.5 厘米。

纪监钱

钱背文纪铸钱监察司署简称，如南宋孝宗乾通元宝铁钱背"同"，即舒州"同安监"；孝宗淳熙元宝铁钱，背"春"为蕲州"蕲春监"，称"纪监钱"。

纪监纪年钱

南宋宁宗庆元通宝铁钱，背"春三"，即为蕲春监庆元三年铸造，称"纪监纪年钱"。

纪重钱

钱文标明钱体自身重量的钱。如战国前中期魏安阳一钎、安阳二钎；后期秦珠重一两·十二、珠重一两·十三、珠重一两·十四；先秦半两、秦半两、汉半两、汉五铢等，均为"纪重钱"。

纪值钱

钱文标明钱体当值，如新莽小泉直（值）一、大泉五十、大布当千，三国蜀汉直百五铢，均系当值，称"纪值钱"。

年号钱

面铸帝王年号，我国最早年号钱为东晋十六国成汉李寿汉兴年间所铸汉兴钱，其后如唐高宗乾封泉宝、宋太宗淳化通宝、清溥仪宣统通宝等，均属"年号钱"。

国号钱

面铸国号，如齐法化、匽（㠯）、唐国通宝、大宋元宝、大元通宝（八思巴文）、大明通宝（南明），齐、唐（南唐）、大宋（南宋）、大元、大明（南明）均系"国号钱"。

国号年号钱

钱铸有国号及年号。如东晋十六国夏赫连勃勃真兴年间铸大夏真兴钱。大夏为国号，真兴为年号。

纪年钱

钱背铸文纪年，为"纪年钱"。如南宋淳熙元宝背文自元至十六，即淳熙元年至淳熙十六年铸。南宋背文纪年者多见。

纪地钱

钱背铸文纪地名为"纪地钱"。如唐会昌开元背铸"京"、"荆"、"洛"、"蓝"、"宣"、"越"等。宋宣和背"陕",明洪武通宝背"北平"、"浙"、"豫"、"济"等系纪地。

御书钱

皇帝亲笔题写钱文的古钱称御书钱。如北宗徽宗亲书瘦金体崇宁通宝、大观通宝。淳化、至道系太宗亲笔。

平钱、折二、折三、折五、当十钱

平钱亦称小平钱、折一钱,即当一行用钱。直径一般在2.3厘米左右(参考数据)。折二钱即当二行用钱,直径一般在2.8厘米左右。折三钱即当三行用钱,直径一般在3.1厘米左右。折五钱即当五行用钱,直径一般在3.8厘米左右。当十或称折十,即当十行用钱,直径一般在4.4厘米左右。

大钱、小钱

折五、当十以上称大钱。新莽错刀、契刀,一枚当五千、五百;东吴大泉当五百、当千、当二千、当五千;清咸丰当五百、当千;五代十国刘守光"应天元宝"背"万"。一般称平钱为小钱。更小者称鹅眼钱、榆荚钱等。

磨郭钱

亦称"磨边钱"。凡边郭磨锉取铜形成窄边或无边者,谓之"磨郭钱"。以西汉五铢为多，称"磨郭五铢"。

剪边钱

亦称"凿边钱"、"剪轮钱"。为盗铜而剪去凿去边郭的小钱。西汉五铢、新莽货泉已有，东汉五铢为最多。

针孔式、小孔式、大孔式、磨背式贝化

贝化为了携带方便，所以在背部凿磨穿孔。早期贝化穿孔较小，类似骨针穿孔，故称为针孔式贝化。夏商出土的贝化，穿孔在尖端，其径不超过贝背的十分之一，称小孔式贝化。穿孔在尖端，其径不超过贝背的四分之一，称大孔式贝化。商晚期以后特别是春秋战国出土的贝化，背部接近全部磨掉，故称为磨背式贝化。

连泉、连布、连刀

连泉，亦称连钱，两枚相连，出范未裁。又有连布、连刀。有意制作的连泉、连布、连刀为装饰品，或装饰品部件。

圜钱

圜钱亦称"环钱"、"圜金"、"圜法"，圆形圆孔，钱铸有文字。一说由璧环演变而来，是方孔钱前身，为秦国早期钱形。

方孔钱

方孔圆钱，俗称方孔钱。以先秦半两钱为最早，除王莽一度行刀布外，我国两千多年以来，钱形主要为方孔钱。

榆荚钱

《汉书·食货志》："汉兴，以为秦钱重难用，更令民铸荚钱。"民间称榆荚钱。按秦末已经出现轻到一铢重的半两，俗称"荚钱"。所以汉行荚钱实际上也是"汉承秦制"。

鹅眼钱

亦称"鸡目钱"。钱体小如鹅眼、鸡目，如东汉末至六朝所铸劣质小型五铢钱，一般统称为"鹅眼钱"或"鸡目钱"。

对文五铢钱

顾烜《钱谱》曰："对文钱，剪五铢之所成也，民利古钱多铜，剪凿取其轮郭，所余甚轻小，世行之，其源始未闻也。"而佚名《钱币考》云："顾谱云云，似未然。详对文之义，当是两面皆有文。"顾烜系梁人，目睹其制，耳熟其名，故可评述剪凿轻小之状。前贤秦宝瓒《遗箧录》云："按旧谱所谓对文者，对半之文也，或剪或凿，文既去其半、存其半，故曰对文。汉时民多盗磨钱质取熔。"故前者说是，后者说实指合面钱。磨边、剪边，其目的利铜质无疑。对文五铢钱大小不等，径 1.7～2 厘米，重 1.5 克左右，因摩剪、凿不同故也。凿钱以东汉中晚期最多，说明当年币制混乱（参见图二一三）。

綖环五铢钱

五铢钱凿去钱心所余边环，谓之"綖环五铢钱"。秦宝瓒《遗箧录》云："官铸既小，民之盗者益多而巧，改磨为凿，内对文，外綖环，一钱分为二，无庸盗铸矣。更有用方凿凿成者。"凿取綖环，其目的实分一钱为二钱，近年考古发掘发现东汉五铢、凿边五铢同坑出土的綖环五铢钱比量甚低，数量甚少，证其目的为回炉重新铸钱，此说实指官炉改铸钱币时所集废钱，一枚五铢凿成对文、綖环，綖环亦作流通行用（参见图二一三）。

通宝

唐高祖武德四年（621 年）铸造开元通宝。开元意为开辟新纪元，非指年号。以后历代曾沿用，并常在"通宝"二字前冠以年号、朝代或国名，铸于钱面。如南唐"大唐通宝"、"唐国通宝"，宋太宗"太平通宝"、徽宗"大观通宝"、"宣和通宝"，元惠宗"至正通宝"，明成祖"永乐通宝"，宣宗"宣德通宝"，此外，还有"大明通宝"，清"康熙通宝"等。

元宝

最早使用"元宝"这一名称的是唐肃宗乾元元年（758 年）。币面"元宝"二字前多铸有年号、朝代等，如史思明在洛阳铸"得壹元宝"和"顺天元宝"；后有代宗时的"大历元宝"；后晋有"天福元宝"；北宋有太宗"淳化元宝"，徽宗"圣宋元宝"；南宋有理宗"大宋元宝"；元"中统元宝"等。

重宝

最早使用这一名称是唐肃宗乾元元年（758年）铸的"乾元重宝"。币面"重宝"二字前多铸有年号。后有南汉"乾亨重宝"，北宋仁宗"庆历重宝"，徽宗"崇宁重宝"，清文宗"咸丰重宝"，德宗"光绪重宝"。

荇子、荇叶

荇子、荇叶向以为六朝么钱之通称。荇为草荇，其钱既小且杂。荇叶水飘，《诗·周南·关雎》："参差荇菜"。疏："白茎，叶紫赤色，正圆，径寸余，浮在水上，根在水底。"指钱轻薄，水可漂浮。

普尔、滕格

察合台语称铜为普尔，是准噶尔可汗策妄阿喇布坦在康熙三十九年（1700年）征服叶尔羌汗国在新疆南路叶尔羌（今沙车）打制的，钱文为阴文，形如桃仁，币材为红铜，也有少量黄铜普尔。乾隆二十二年（1757年），清廷平准噶尔汗国，乾隆二十五年（1760年）在叶尔羌开铸钱局，开始铸造红钱（普尔钱）给叶尔羌、喀什尔噶、和阗等地方，以一文红钱换旧普尔二文。清廷特命户部颁发钱式，面文"乾隆通宝"，背左方用满文，右方以回文（即察合台文），均铸叶尔羌城名。普尔钱原以50普尔为一滕格，一滕格值银一两。入清以后，钱值渐减，乾隆二十六年（17

61年）规定以百钱为一滕格，一滕格值银一两（图二一九）。

图二一九　普　尔

官帖与私帖

清末东北三省官银号所发行的钱票统称"官帖"。初发行官帖的有奉天华丰官银号、吉林永衡官帖局、黑龙江广信公司。它们先后成立于1892～1903年间。"私帖"亦称"私钞"、"私票"，是旧中国未经取得发行权的钱庄、工商行号及商会等发行的。私票种类有银元票、铜元票、钱票等。初多发行于内地乡镇，渐及通都大邑，通行各省。由于发行过滥，且多无确实准备金，经常酿成挤兑风潮。

镇库钱

铸钱工场正式开炉浇铸前，为进贡、纪念、压胜而先铸的特制的大钱。如"大唐镇库"、"咸丰通宝"背"大清镇库"等。

庙宇钱

亦称"供养钱"、"供佛钱"、"香火钱"。与佛教有关系者："佛脏钱"、"开光钱"、"念佛钱"、"念经钱"等。佛教传入中国，广建佛寺，遍塑佛像，僧侣日多，信徒日众，官方寺院、坊间所铸供奉佛殿神像之"瑞物"，亦用旧钱及通用品。皇室信佛，供奉金质"供养钱"。如北宋太宗时铸一批金质"供养钱"，小平型，面文"淳化元宝"，背铸左立、右坐佛，坐为观音，立为韦驮。供奉五台山中台顶寺。元代寺观铸钱最有特征，实际上非民间私铸，因僧侣直接参与政治，实属官铸。何况寺院经济雄厚，又有冶炼设备。"庙宇钱"有三教合一的史迹，大抵始于唐，兴于宋元，至明三教合一成为宗教的主流。这对庙宇压胜品的发展线索提供重要的脉络。

罗汉钱

康熙年间，宝泉局别铸一种"康熙通宝"，"熙"字作"熙"，铜色发金黄色，民间俗称"罗汉钱"。附会之说颇繁，而以系于康熙皇帝六十岁时的祝贺钱，近情。

祝圣钱

每逢年节及国家庆典官铸奉进。清乾隆以前，背铸龙凤；以后，背铸吉语颂辞。如"天子万年"、"国泰民安"、"人寿年丰"等。嘉庆万年背有"五世同堂"、"十全老人"等颂辞者，当为嘉庆初年为太上皇帝乾隆所铸。

包袱钱

清宫奉先殿用，每逢皇帝即位由官炉铸造，死后即改换新钱。凡祭祀品均以黄缎为袱衬之，各袱四角均缀大铜钱一枚。面文如常钱，背文"天下太平"四字。自乾隆至宣统均有，道光、咸丰最多，宣统罕见。俗称"太平钱"。

赏赐钱

赏赐钱有金、银、铜及鎏金等钱。制作精美。如唐开元通宝金银钱，宋代金银钱，明末农民起义领袖张献忠在四川成都建立大西国，铸金、银、铜"西王赏功"钱（图二二〇）。

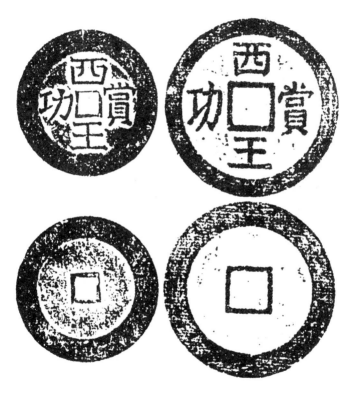

图二二〇　赏功纪念品

万寿钱

皇帝生辰称曰"万寿节"，官铸"万寿钱"以奉进，均精美。金质有"福宁万寿钱"，南宋孝宗为太上皇帝八旬万寿节铸；银钱"绍定万岁"，南宋理宗绍定年间铸。铜钱光绪通宝背"福寿"，光绪二十年为慈禧太后六旬大庆所铸万寿钱。

祝寿钱

钱文"龟龄鹤寿"、"龟鹤齐寿"、"福德长寿"、"福寿延长"、"南极祝寿"、"百年长寿"、"千秋万岁"、"寿如东海"、"寿比南山"等，背或为神仙、灵龟、仙鹤、祥云等图案。崇祯通宝背"寿"。均为庆祝寿诞之用，故曰"祝寿钱"。官铸民铸均有。

佩饰钱

亦称佩钱。均为钱形带扣，后铸图案、吉语，如"予天毋极、宜子保孙"；"日入千金、长毋相忘"等。殆为汉代物。后世有各种图形圆孔压胜钱、镂空花钱均作佩钱。或有各式柄环。吉语、十二生肖钱等，均可佩带。

生肖钱

生肖钱即十二生肖钱，亦称十二属钱。动物十二种，分配十二支：子鼠、丑牛、寅虎、卯兔、辰龙、巳蛇、午马、未羊、申猴、酉鸡、戌犬、亥猪，谓之十二属。东汉王充《论衡·物势篇》已载此说，唐宋以来，历代有铸。有一钱铸生肖一种，十二枚成套者。有一钱铸有生肖数种者，又有十二生肖全铸于一钱者，此钱多为大型。文字有"长命富贵"、"天下太平"；图形有八卦、本命星官、天师驱鬼、降龙伏虎、龟鹤齐寿、加官进禄等，种类繁多。图铸八卦曰"八卦钱"。亦称十二支背八卦钱。一面铸八卦图形，对应铸八卦名；一面铸十二地支，对应十二属。圆穿。版式繁杂，精粗互见。官家、民间均视此钱为避邪保命之物。为道教祈禳压胜品，以明清物居多。图铸本命星官等旧称"命钱"。钱面上地支，下属形，素背，或背穿上有符形。面文"长命富贵"背本命星官生肖纹称本命生肖钱。有大、小之分。长命富贵大型钱背十二干支生肖；长命富贵小型钱，子丑支文，鼠牛生肖。皆圆孔，凡"富"字多起笔无点。面穿上下有"子生"至"亥上"，穿左右有花物纹；背穿上星、穿下生属，左右星官花木等称生钱（图二二一）。

花钱

清乾隆时期梁诗正等撰《钦定钱录》称空镂钱谓之"花钱"，后人又称"玲珑钱"、"通花钱"。今见者有龙、凤、鹿、雀、鱼、人形等镂空花纹（图二二二）。

宫钱

供皇帝节日庆典装饰、挂灯等用途的官炉特铸品。挂灯钱官局每岁腊月例精铸钱若干呈进，作宫灯坠用。

符咒钱

道家祈禳之法物。如天罡咒钱，咒曰："天罡天罡，斩邪灭亡，吾有令剑，斩鬼不存。急急如律令"。太上咒钱，

图二二一　生肖钱（3/4）　　图二二二　花钱（3/4）

咒曰："天圆地方，六律九章，符神到处，万鬼灭亡，急急
如律令"。五雷钱，咒曰："雷霆八部，诛鬼降精，斩妖辟
邪，永保神清。奉太上老君，急急如律令，敕"。背均铸八
卦、仙人、太上老君、雷部正神等。另有面符文，背星官
及生肖图，称"符咒钱"；面文符上作虎头，背有人物，俗
称"虎符钱"。明清符咒钱传世最多。按"如律令"言如法
律命令之不可违也。汉诏书檄文末多用此三字，故道家符
咒多沿用。

254

降魔钱

道家驱魔伏邪之法物。钱面有玄天真武大帝像,上北斗、下龟蛇;背或有灵符神咒,或真武灵应、玄武大帝、降魔伏邪等道家神符名。真武即玄武。《云麓漫钞》:"神符间避圣祖讳,始改玄武为真武。"后人释玄武(真武)多从龟蛇合体,或龟蛇相交。按山东济南北极阁供真武大帝,座前置铜质龟蛇,为元代物。道教降魔钱始于宋,盛于元,而传世品以明清铸品最多。

四灵钱

四灵钱亦称"四神钱"。东方七宿曰青龙,西方七宿曰白虎,南方七宿曰朱雀,北方七宿曰玄武。龙虎雀龟为四神,或称四瑞,图形殆沿于族徽图腾崇拜,隐寓驱邪保生。亦系道家压胜品。

刻花钱

在钱币上加工雕刻各种图形花纹。早在唐开元钱有雕刻花纹者,如莲花寓意多子。又有鎏金者。但雕刻开元不一定是唐代所刻,后世所为。如宋代撒帐钱,多用古钱(即五铢开元钱)。明清流通钱币中多有刻花者。如万历、泰昌、顺治、康熙(小平罗汉钱)、嘉庆、咸丰(大钱)等。此等钱既是压胜品,便退出了流通领域,但亦可掺杂在流通钱币中流通,具有两重性。

吉语钱

凡刻铸吉语祝辞等成语的压胜品，均可称吉语钱。如嘉庆通宝，背铸"天下太平"、"天子万年"、"十全老人"、"四方来贺"。或一面图形，一面为"福寿康宁"、"人寿年丰"等。均为吉语压胜品。

撒帐钱

旧时婚嫁仪俗所用钱形压胜品。文有"夫妻偕老"、"早生贵子"等。撒帐始汉武神所撒五色同心果。见清赵翼《陔余丛考》。洪遵《泉志》："旧谱曰，径寸重六铢，肉好背面皆有周郭，其形五出，穿亦随之，文曰长命守富贵；背面皆为五出文，若角线状。景龙中中宗出降睿宗女荆山公主，特铸此钱，用以撒帐。敕近臣及修文馆学士拾钱，其银钱则散贮绢中，金钱每十文即系一䌽条……李孝美曰：顷见此钱于汝海王霖家，形制文字皆如旧谱所说，但差大而铜铸耳。"宋代行果钱兼用，见宋吴自牧《梦粱录》："凡男女拜毕，再坐床，礼官以金钱盘盛金银䌽钱杂果撒帐。"金钱多以古钱鎏金。银钱以白银铸之。

洗儿钱

《资治通鉴·唐纪》：玄宗天宝十载（751年），宫中为安禄山行洗儿礼，明皇赐杨贵妃"洗儿金银钱"。时杨贵妃收安禄山为义子。按民间生子三日洗之，谓之洗三，洗儿钱即贺人得子所用金银压胜品。

上梁钱

上梁钱亦压胜类。凡建宫殿庙宇、民间筑房，旧时行上梁礼。祀禳用"上梁文"，镇瑞用"上梁钱"。官家多用金、银、铜特铸品，民间多用口采古钱，如"太平"、"顺治"等。近世谱书所载福州圣庙上梁钱，该钱为新莽布刀形。布形文字，一面"圣庙正殿上梁"，一面"咸丰三年十二月初四日己时"。刀形文字，一面"圣庙正殿上梁用"，一面"咸丰辛亥福州重建"。按莽布刀形上梁钱，咸丰年间实不得入儒、释、道之殿、宫、观为镇瑞品。崇莽为铸钱二圣之一，实钱家言。福州圣庙上梁钱，系赝品，不足怪。

秘戏钱

钱铸男女交媾图像。早期两面均铸此图，稍后一面有文字，如"风花雪月"、"花月宜人"等等。"花月"寓意男女相恋。故《石头记》别称《花月宝鉴》。翁宜泉《古泉汇考》："汉时发冢凿砖画壁俱有之，作秘戏者，见《野获编》。"唐代镜亦有背铸秘戏图者。寓意源于先民祈求生育

图二二三　秘戏钱

257

繁衍、壮大血缘。"秘戏钱"为祈求多子多孙的压胜品。因涉及房事，俗称"春钱"、"春宫钱"或"避火钱"（图二二三）。

凭信钱

作为凭证或信物使用的钱币或钱形铸品。《汉书·王莽传》："始建国二年，吏民出入，持布钱以符传，不持者，厨传勿舍，关津苛留，公卿皆持以入宫殿门，欲以重而行之。"这种"布钱"即为通行的凭信（符传）。再如南宋初，刘光世为招纳金兵所特铸的金、银、铜"招纳信宝"钱。又如清咸丰年间天地会支派金钱会所铸的"金钱义记"，均属凭信类（图二二四）。

八仙钱

钱铸道家八位神仙：吕洞宾、汉钟离、铁拐李、张果老、曹国舅、何仙姑、韩湘子、蓝采和，或仅铸八仙法器。亦称隐八仙。传世多为明清压胜品。

选仙钱

博具。《古泉汇》："此乃选仙钱，非钱也。考天香楼偶得今人集，古仙作图为博戏，用骰子比色先为散仙，次升上洞，渐至蓬莱大罗等。列则众仙庆贺，比色时重俳，四为德，六与三为才，五与二为功，最下者么为过，有过者谪作'采樵思'，凡遇德复位。此戏北宋已有之。王珪宫词云：'昼日闲窗赌选仙'，即谓此也。然则此品乃赌具樗蒲、双

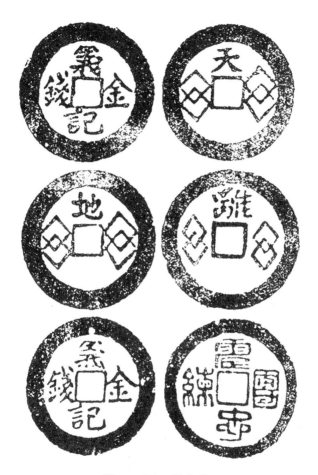

图二二四　凭信钱

陆之类也。但具钱形故亦谓之钱。"选仙钱有方形与圆形两
类,圆形分方孔、无孔两种。所列仙人,有王母、拔宅仙、
诗仙、琴仙、散仙、酒仙等,背面均有五言绝句一首。亦

259

称"诗牌"。

马格钱

亦称"马钱"、"打马格钱"。博具。钱上或铸有马形马名，或铸有骑马将军及将军之名等。如魏将吴起、飞黄、赤鬼等。李清照《打马图序》："打马世有两种：一种一将十马者，谓之关西马；一种无将二十马者，谓之依经马。又宣和间，人取二种马参杂加减，所谓宣和马也。"翁宜泉《古泉汇考》引《事物绀珠》："打马用铜钱或牙角为钱样，共五十四枚，上刻良马，布图四面，以骰子掷打之。"今见有宋元时物，后世仿者不鲜。明徐应秋《玉芝堂谈荟》云："打马格之戏，今不传。"

冥钱

亦称"明钱"，专为死者殉葬的"明器"，有金、银、铜、铁、铅、锡、陶、泥、瓷、蚌、帛、纸冥钱（图二二五）。

瘗钱

为死者埋葬钱币，谓瘗钱。《汉书·张汤传》："会人有盗发孝文园瘗钱"。师古注："瘗，埋也，埋钱于园陵以送死也。"殆汉以来葬者多有瘗钱。所瘗之钱，为当代通用钱币，非明钱，故遭盗掘之祸。

男钱

以通行钱作压胜品者，如十六国后赵石勒丰货钱，钱

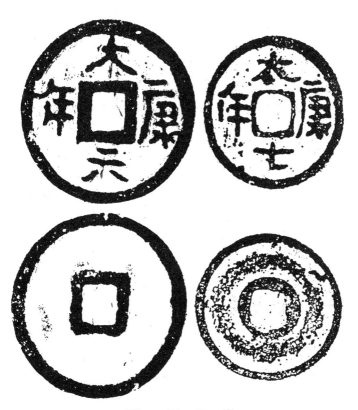

图二二五　冥　钱

文寓意富裕吉祥。俗谓妇女佩之生男，故曰男钱。不足信。

女钱

南朝梁武帝时所铸五铢，轻薄弱小，而称为"女钱"，习俗传说妇女佩之生女，不足信。按女钱即"小钱"、"稚钱"。官铸者称"公式女钱"。

261

大篆、小篆、隶书、真书

先秦刀、布、圜钱、蚁鼻、楚金版、燕金饼，戳刻的文字系大篆书体。秦汉至隋，钱文体系属小篆，如半两、五铢。其间新莽货泉、布泉为悬针篆。北周的布泉为玉箸篆，五行大布、永通万国为铁线篆。早在成汉李寿所铸的汉兴已用隶书。唐以后，钱文盛行隶书，唐开元通宝为"八分书"，亦属隶书系统。五代十国南唐出现篆、隶、真书体对钱。北宋钱文书体有篆、隶、真、行、草。自南宋光宗绍熙以后至元、明、清，钱文均以真书为文。间或采用篆书（如天启、永历、昭武均有篆书）、隶书（辽钱近隶）。钱文又有蒙、满、回、西夏等少数民族文字。

悬针篆、玉箸篆

悬针篆系小篆的变体。竖笔下端出现锋芒，若悬针然，故名。新莽货泉、布泉及货布等钱文属悬针篆类。玉箸篆亦系小篆的一种。笔划匀称纤柔，结构整齐，字形美雅。北周的布泉、五行大布及金代泰和重宝等钱文均为玉箸篆。

瘦金体

宋徽宗赵佶独创的一种书体，自称"瘦金书"。《书史会要》："徽宗行草正书，笔势劲逸，初学薛稷，变其法度，自号瘦金。"以楷书为本，笔划俊逸挥洒，刚健有力，故有"铁划银钩"之美称。大观通宝、崇宁通宝均为瘦金体钱文之押券者，金大定通宝亦仿瘦金书。

八分书、九叠篆

八分书系隶书之别体。李斯作小篆，程邈作隶，王次仲作八分。蔡文姬曰："割程邈字八分，取二分；割李斯篆字二分，取八分，故谓之八分。"按王次仲居大夏小夏山，秦始皇定天下，征之不至，复召之，次仲化为大鸟，振翼而飞。此语见《列仙传》。世见开元通宝为八分书，书体确隶二篆八。唐欧阳询书。九叠篆盛行于宋元，多用于印章刻写。笔划折叠堆砌，均匀对称，所谓"九叠"即多叠也。以九叠文为钱文，有北宋皇宋通宝钱。宋元宝钞上亦用九叠篆。厌胜品有九叠篆"泉府元神钱"。

三体书

同一年号，钱文三种书体，称三体书。如北宋淳化元宝、至道元宝均有真、行、草三种书体铜钱。

连轮、隔轮

钱文笔划与外郭相连称连轮；钱文笔划不与外郭相连，且相距较远称隔轮。

接郭、离郭、寄郭

钱文笔划与内郭相接称接郭；钱文笔划不与内郭相接，且相距较远称离郭；钱文与内郭靠得甚近称寄郭。

聚头、并足、倒书、变书、隐起

钱文四字头部向孔称聚头；钱文四字头部向外郭称并

足；钱文倒置称倒书；字体有变化者称变体；钱文笔划高低不平而笔划浅称隐起，亦称引起、引起文。

左挑、右挑、双挑

按开元通宝钱，"元"字第二笔，起笔向上者，曰"左挑"；收笔向上者，曰"右挑"；起笔、收笔均挑者，曰"双挑"。

钱镕

钱镕即钱范，是铸钱的模子。钱镕曰范，于古无征。《睡虎地秦墓竹简·秦律·封诊式》："某里士五（伍）甲、乙缚诣男子丙、丁及新钱百一十钱、容（镕）二合，告曰：'丙盗铸此钱，丁佐铸。'甲、乙捕索（索）其室而得此钱、容（镕），来诣之。"《秦简》中"容"即"镕"字，"镕二合"即一副钱模子。《汉书·董仲舒传》："犹金之在镕，唯冶者之所铸。"师古注："镕，谓铸器之模范也。"可见镕为古时冶金范模通称。按古冶器之法，以木曰模、以土曰型、以竹曰范（笵），偏旁训诂，各从其类。清朱彝尊为马行斋题大泉五十镕首称范。钱镕有阴文和阳文两种。前者直接铸钱；后者用于造范，故称范母。范材有陶、石、铜、铁、铅等。建国以来，山西省侯马市晋都新田遗址出土空首尖足大布范，河北省易县燕下都出土燕刀及平首布钱范，山东省莒县出土簻（莒）刀范，均为陶范。内蒙古自治区包头市郊区发现 3 件安阳方足布钱范，山东省博物馆藏 1 件赀六化范，均为石范。山东省青岛市博物馆收集的赀六化圜钱铜范，湖北省武汉市文物商店拣选的罗字铜贝范，安徽省繁昌县横山乡发现两件罗字铜贝范，一件范长 27、宽 11、厚 1、铸口径 4 厘米，范呈长方形，每行有阳文贝形十六枚，共有贝形六十四枚；又一件在铸口处刻一枚贝形，范背各有一钮。均为铜范。石范以齐法化石范为最早，以汉四铢半两石范最常见。先秦钱范只见著录。新莽钱多有铁范。1975 年内蒙古喀喇沁旗发现"一化"铅范母。

陶范、石范、铜范、铁范、铅范

陶范也称泥范、砖范，即用土及砂烧制而成的钱范。石范亦称石制原范，是泥制原范进一步的产物。范面刻文为阴文，可用来直接浇铸。铜范最初也是原范，如蚁鼻钱铜范，范面刻文为阴文，可以直接浇铸。西汉半两铜范，范面刻文亦为阴文，亦可直接浇铸。铁范，谱录偶有此载，但可靠性仍待考。王莽时大泉五十、小泉直一均有铁范出土，阴文可以直接铸钱。铅范及文为阳文，多范母，有战国末年匽国"一化"圜钱。在西汉早期，也有半两铅钱范，系范母。

原范、祖范、母范、子范

原范是直接雕刻而成的钱范，有泥制、石制、铜制，我国早期铸钱是用原范直接浇铸的。祖范实际上是原范的一种，只是不用它来直接铸钱，而是用它来翻铸母范。祖范范文为阴文。母范是用祖范翻铸出来或直接雕刻成的阳纹钱模，叫做母范，铸造界称之为模型。子范是用母范翻制成的泥质阴纹范片，子范一般为双面范，配套叠压在一起，浇铸钱币。

铲形范、盘形范、片范

铲形范，因其器形类似农铲而得名，分有泥质、石质、铜质、铁质、铅质多种，是我国早期铸币常用的一种钱范形制。铲形范均为阴纹原范。盘形范因范缘凸起，形似盘状而得名。多为铜质阴纹母范，始见于西汉，分有长方形、四方形、多边形、椭圆形、圆形等多种。主浇槽垂直在范中心，支浇槽外向辐射，与钱模相连。片形范均为泥质阴纹子范。

浇铸口、槽、排气道

浇铸口亦称浇槽口、浇道口，为浇注铜液的入口处。早期铲形钱范范体上端呈喇叭状的开口即为浇铸口。浇铸槽亦称浇铸道，即浇注铜液入钱模的通道。有主槽与支槽，亦称支浇槽、支浇道。排气道即出气口，在范面两侧，为浇铸时排除废气而刻出的细通道，一般在金属原范上。

范面、范背、面范、背范、双面范、合范

范面指刻有钱币模型的一面；范背指钱范的背面；面范指范面所刻钱币模型为钱面的范，但亦有范面模型和钱背模型排列同一范面；背范指范面所刻钱币模型为钱背；双面范指两面均刻有钱币模型，叠铸用的子范、配套成组的子范叠压在一起，早期的原范，将范背重新加以刻划制成

范面；合范指将成套的面范和背范扣合在一起，即可浇铸。

钱模、范缘、子母榫

钱模即范面上刻划的钱币模型。范缘即钱范周沿边缘。子母榫用于合范准确而不错位，分别在面范和背范的范面上刻出相互配套的榫头。凸起者称子榫，凹进者称母榫。多为三角形或圆形。

铁范铜

铁范铜是钱币学上约定俗成的特定术语。北宋初年，四川稚州百丈县始铸宋元通宝铁钱，从此以后，四川地区宋代铁钱铸行不衰。按铁钱的形制、钱文特征和同样钱文的铜钱不尽相同，但少数却完全相同，如广穿宋元、行书大观等。大抵当时制成铁钱的砂型后，为了观察砂型的效果，先将铜液注入，浇铸出一批铜钱作为试验。因为铸造这种铜钱的目的是试验铁钱的范，故称铁范铜。

生坑、熟坑

古钱带有出土锈色称生坑；出土不久称新生坑；出土既久，尚带锈片残迹称老生坑，或称熟坑。

包浆

古钱传世日久，表面在空气中会产生一种色泽，俗称包浆。这种包浆呈古铜色或黑色，真者沉着，伪者飘浮，一般年代愈久，颜色愈深，虽是极薄一层，但煮洗也不会脱落。伪造包浆是放在煤烟、油烟上熏黑，再上蜡打光，如用开水洗刷，伪浆便会失去。

黑漆古、铁色古、水银古

黑漆古也称传世古，指古钱传世未经入土，色泽自然，传世锈片未遭破坏。又称原色浆。带铁锈者称铁色古；带水银光者称水银古，亦称水银锈、黑水银锈、绿水银锈、红水银锈等等。

靛青蓝、朱砂斑、松儿绿

靛青蓝锈片呈蓝色；朱砂斑亦称鸡血斑，锈片带红色；松儿绿亦称瓜皮绿，带绿色锈片。

鎏金、贴金

鎏金是指火镀金器物。把金汞剂（金汞合剂）涂在器物表面，经过烧烤，汞蒸发，金滞留。钱以金汞剂镀之，称之为鎏金钱。贴金即用涂料把金箔贴到各种器物的表面，起到装饰作用。箔厚薄必须适度，过厚贴不牢，过薄易损。钱上贴金箔，称贴金钱，如贴在铜贝上，亦称贴金贝，考古界称贴金铜贝，亦称包金贝。

翻砂赝品

一般取真钱作母钱，也可以用木质、骨质、软石雕成母钱。翻成后的伪钱经冷却收缩，再磨去表面粗糙层，所出钱比真钱稍小。由于翻铸工艺一般不很讲究，铜质疏松，表面砂眼、气孔多，即使经过打磨，也不及自然磨损那样温润而有光泽。如沈阳天禄、天显、应历通宝等，苏州圣宋通宝、徐天启钱，北京天策府宝、乾封泉宝，潍坊四字、五字、六字、九字刀，绍兴至正元宝权钞钱，河南开封、洛阳布钱。其他如南京、上海、广州等地均有以翻砂法伪造古钱者，技术颇高，有的几可乱真。但古钱中私铸钱铸工较差，然非伪造品。

改刻

改刻是伪造古钱的重要方法，一般是将普通钱改刻成珍贵钱。如齐法化出土较多，伪造者用质地厚、气化严重的齐法化，保留其首尾二字，中间刻成"建邦竑法"四字，于是三字刀就成为一把珍贵的六字刀，或六字全属刻成者。这种伪刻的六字刀，背面锈色极好，因为是真的，但正面刻字的地方必然要做一层假锈，以掩盖刀痕。又利用古钱上的流铜，如半两、五铢钱的穿孔上下或背面常有的流铜，刻成星月及文字。陕西西安有改刻货泉为大泉三十、中泉三十等。又改刻将文字铲去，如将天国太平背圣宝小平钱的"天国"二字铲掉，成为横读"太平"背"圣宝"。又由于铜质坚硬难刻，遂将普通古钱面文全部铲去，然后在钱面上浇溶铅锡摹刻稀见品，再敷上伪锈，这种伪钱的面、背锈色不同，轻敲之，其声喑哑，与一般铜钱不同。

挖补、拼合

将普通古钱的文字挖去一半或全部，再取别的古钱文字补贴上，如"五五"钱，"铢铢"钱，多半就是挖去"铢"字或"五"字，补上别钱的"五"字、"铢"字，使成为"奇品"。或照着原有文字笔画改为稀见之文字，将一部分挖补成"半半"钱，或将钱的四字都挖去，另用铜片打成稀有面文补贴上。如挖去"崇宁重宝"四字，以接近这种钱型的"天德通宝"四字补上，成为"珍品"。拼合法是将两个类同的旧钱各取一半拼合而成。如"半半"、"两两"，或两个旧钱各磨光背，拼合成两面有字的"合背钱"；亦可将两块薄铜片，一块打制面文，一块打制背文，做成钱样，拼合而成。如过去河南坊间伪造空首布就用这种伪造法，现在已经绝迹。

摇头

铸钱翻砂时，将钱模在范上转动方向，因此四字可成八字。古代大量铸钱，难免出现这种次品，俗称"摇头"。按理不应出现这种次品，伪造者则利用人们这种心理，以售其术，而伪造时只生产数枚，于是便成为"奇品"，而实际上是赝品。

五字鉴别古钱法

五字鉴别古钱法，亦称文、质、声、色、神五字审视法。文指钱的文字及纹饰。质指钱的形体及币材。声指辨声，因新铸钱，其声必有转音，且有火气。久经行使或出土的旧钱，火气已脱，钱相击而无转音。色指钱的锈色、包浆、币材色泽。神指钱的神韵，即姿态、精神、风格、品相。此五字之外，尚有"味"字，即舌鼻辨味。因长期埋入地下，有锈色的钱带有土香，伪造锈色的钱带有松香、胶水及醋酸、盐酸等臭味。或称"六字鉴别古钱法"。

寽

古衡名。罗振玉《殷墟书契后编》卷下第20页有X/X字即寽字。《殷墟书契前编》卷四、卷八有"賹"字，即从贝从寽。西周禽簋："王易（赐）金百寽"。儐匜："罚女（汝）三百寽"。寽是"锊"的古字。《说文·金部》："锊，十一铢二十五分之铢十三（按一铢等于一两的二十四分之一）也。……《周礼》曰：'重三锊'，北方以二十两为三锊。"此即"六两大半两为一锊也"。《考工记·冶氏》："重三锊"。郑玄注引郑司农曰："三锊为一斤四两"。实殷周之寽有大小之别。郭沫若据师旅鼎铭有"迺罚戛古三百寽，今弗克乎罚"，从而推论"殷周之寽已有轻重之异。盖六两大半两即殷之古寽……重十一铢二十五分之十三者为周之今寽"（见《两周金文辞大系图录考释》第六册）。按一锊为"六两大半两"，如以许慎二十四两锊之说，汉代一两约合15.6克，一锊为103.999克。近人依据日本林巳奈夫氏《战国时代の重量单位》所推算，则一寽＝123.03克。至于币文寽非古寽，当为小寽；否则寽为币之名称。

爰

爰即锾，锾字晚出，金文作爰。读环，古衡名。《说文·金部》："锾，锊也。从金，爰声。《书》曰：'罚百锾'。"段玉裁注："（戴）东原师曰，锾锊篆体易伪，说者合为一，恐未然也。锾当为十一铢二十五分铢之十三，《考工记》作垸，其假借字。锊当为六两大半两，《史记》作率，《汉书》作选，其假借字。二十五锾而成十二两。三锊而成二十两。"《尚书·吕刑》："墨阑疑赦，其罚百锾。"锾之重量其说不一：百锾为三斤，每锾为十一铢又五十二黍（百黍曰铢，即十一铢半强，半两不足）。古《尚书》说，许慎《说文》从之。或谓锾为六两又大半两（即六两十六铢）。贾逵、郑玄主之，许慎亦兼取其说，云北方以二十两为三锊。又有《尚书》伪孔传及马融、王肃皆主"锾为六两"。正因为是古衡单位，故可取得币的名称，如楚国黄金币称之曰陈爰、郢爰、鄢爰等。

益钌

益钌是先秦的一套衡量单位。有平安君鼎铭"五益六钌半钌四分钌"可证。既然金属铸币的货币标度最初是用币材的重量标度的原名作名称，所以作为早期铸币的空首布钱，其名称就是钌，这有冎（允或释公）钌、郫钌、□□共黄钌为证。至少大型空首布就是一钌重，或接近一钌重。实测：大型空首布钱带塞泥大抵 39 克左右，不带塞泥大抵 30 克左右，大型耸肩布钱，带范泥大抵 38 克左右，不带范塞也是 30 克上下。可见一钌近 30 克。平安君鼎带盖重量为 1980 克，一钌以 30 克计，一益重量为 5X（益）＋6.75×30＝1980 克，每益重量为 355.5 克，一益为 11.85 钌，接近 12 钌。看来一益当为 12 钌，它们之间的关系是十二进位，这与先秦量器衡器每以四、六、十二进位的制度符合。

战国时期衡量黄金单位

斤、镒是战国时期的衡量黄金单位。《战国策·齐策》："齐王闻之，君臣恐惧，遣太傅，赍黄金千斤。"《战国策·秦策》："黄金万镒为用。"《国语·晋语》："黄金四十镒。"《史记·仲尼弟子列传》："越王大悦，许诺，送子贡金百镒。"

寸

古度名，寸，十分也。十发为程，十程为分。《汉志》曰："九十分黄钟之长，一为一分，十分为寸。"

尺

古度名。《说文》："尺，十寸也。"《汉志》曰："九十分黄钟之长，一为一分，十分为寸，十寸为尺，十尺为丈。"

丈

古度名。《说文》："丈，十尺也。从又持十。"段注："周制八寸为尺，十尺为丈，人长八尺，故曰丈夫。然则伸臂一寻，周之丈也。"

引

古度名。十丈为引。《汉志》曰："十寸为尺，十尺为丈，十丈为引。"

寻

古度名。八尺曰寻，五两。两五寻（谓每两五寻）。

端

古度名。《小尔雅·度》："倍丈谓之端。"《集韵》："布帛六丈曰端。"《六书故》："布帛一丈六尺曰端"。

匹

古度名。《说文》："匹，四丈也。"段注："按四丈之上当有'布帛'二字。"《襍记》曰："纳币一束，束五两，两五寻。"郑曰："纳币谓昏礼纳征也。十箇为束，贵成数，两两合其卷，是谓五两，八尺曰寻，五两，两五寻。则每卷二丈也。合之则四十尺，今谓之匹。……按二丈为一端，二端为两，每两为一匹长四丈，五两则五匹为一束也。凡古言束帛者，皆此制。"

两

古度名。两，匹也。《左传·闵公二年》："重锦三十两。"注："三十两，三十匹也。"

后　　记

　　《文物》月刊开辟古钱专栏，姚涌彬编审约我撰稿，慨诺。拙稿自 1981 年 1 月至 1983 年 10 月由《文物》连载。在此期间及而后，读者不断惠函，或提建议，或指正疏漏，或商榷问题，或询问知识，均给予热情的关心和期望，令我深为感动。而今，在文物出版社的支持下，将连载条目整理一过，略加增补，结集成册，奉献于读者。历年来函询问未涉及的诸多钱品，择其要者，简释附缀于后，作为本书附录。

　　姚编审不幸辞世，藉此追念。

附　录

银布

1974 年河南扶沟古城村出土。计短型空首 1 枚、短型实首 4 枚、中型空首 1 枚、中型实首 10 枚、长型空首 2 枚。为春秋中期至战国初期东周银布；或谓楚布，或谓郑、韩布，待考。

宋子三孔布

1983 年山西朔县汉墓出土。面文"宋子"，背文"十二朱"。长 5.5 厘米，重 6.2 克。为秦布；或谓宋子赵地，为赵布；或谓中山布，待考（图一）。

无终三孔布

1986 年晋南缉私文物中发现。面文"亡（无）邠（终）"，背文"十二朱"，布首穿孔上有"十三"二字。布长 5.4、宽 2.8 厘米，重 7.3 克。为秦币；或谓无终在云中

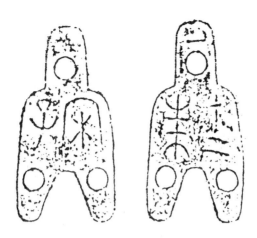

图一 宋子三孔布

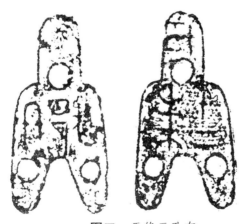

图二 无终三孔布

境内，战国属赵，故为赵布，待考（图二）。

凉造新泉

四世纪初前凉张轨铸,实为国号钱之始。钱文篆书,直读,笔画纤细,字迹清楚者罕见;背均有内外郭,钱径1.8～2.2厘米,穿孔径约0.65厘米,厚0.1厘米,重1.9～2克。清嘉庆十年(1805年)刘青园在凉州发现3枚,断为张轨所铸。1984年3月甘肃武威市内出土一罐窖藏古钱,内含秦汉半两、两汉五铢、新莽大泉五十及货泉、魏晋五铢、蜀直百及丰货,并有凉造新泉3枚(图三)。

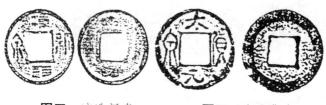

图三　凉造新泉　　图四　太元货泉

太元货泉

面文上下"太元"隶书,左右"货泉"篆书,顺读;背素。洪遵《钱志》谓不知年代品;《古泉汇》利五称隶书圆好,面背有四出文,李竹朋系于晋;《古泉汇》贞一又载方孔无四出文者,则列入无考正品,谓非晋物。近人断为前凉张骏太元年间(324～346年)钱;或谓辽时道庙钱,非正用品,待考。1981年7月内蒙古林西县三道营子出土辽代窖藏钱币1551斤,计20余万枚,共77种298品,时代自秦初至辽末,有西夏钱、朝鲜海东通宝、日本天圣元宝、越南治平通宝及皇宋通宝(阔边)等,其中有太元货泉小平钱1枚,甚精湛(图四)。

太清丰乐

前凉张天锡太清年间
（363～376 年）铸。钱文篆
书，"太"字增笔，"清"字
减画，"太清"上下横列，
"丰乐"字互并读，其意为
太清年间所铸丰国乐民之
货。背铸四出文（图五）。

图五　太清丰乐

驺虞峙钱

钱文上"驺"下"虞"隶书，右"峙"。按驺虞为古代
传说中之义兽。《诗·召南·驺虞》传："驺虞，义兽也。白
虎黑文，不食生物，有至信之德则应之。"峙通時，意谓祭
祠。此钱称峙钱，即祠钱。或为北朝瘗钱，殆镇墓用（图
六）。

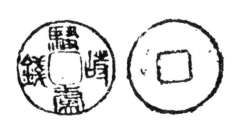

图六　驺虞峙钱

圣宋重宝当五铁钱

南宋宁宗嘉定元年（1208 年），四川行当五大铁钱，以
"圣宋重宝"为文，背铸"利壹"二字及篆书"五"字。见

279

图七 圣宋重宝当五铁钱

《朝野杂记》（图七）。

崇祯通宝（背宝泉）

殆明末清初民间所铸。钱薄质劣。或谓此钱曾与道光
同治小钱同坑出土，殆晚清民间所铸；或谓越南仿铸（图
八）。

永正通宝

"永正"殆即雍正。背铸满文宝苏局。钱薄小，私铸
（图九）。

图八 崇祯通宝（背宝泉）　　**图九** 永正通宝

福建通宝

辛亥革命期间福建军政府铸。黄铜质，圆孔。面文"福建通宝"；背穿上左为铁血十八星旗，右为象征五族共和的五色旗图案，穿上、下铸有"一文"、"二文"币值。一文钱径1.9厘米，重2.4克；二文钱径2.4厘米，重3.8～4.5克（图一〇、一一）。

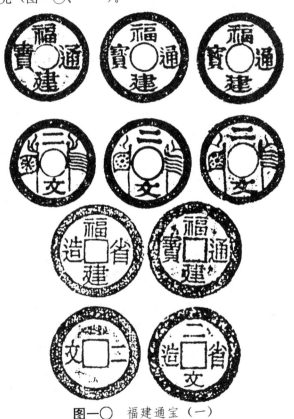

图一〇　福建通宝（一）

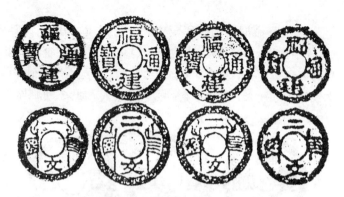

图一一　福建通宝（二）

民国通宝

辛亥革命后地方政府铸。黄铜质、方孔，有平钱、当十两种。平钱背文"东川"者，为云南都督府铸，当十钱四川成都铸；背文"一文"者，天津造，铁钱（图一二）。

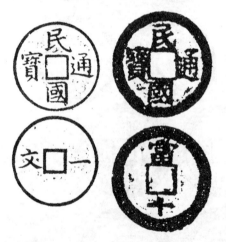

图一二　民国通宝

龟兹五铢

或称汉龟二体字五铢钱，铸行西域，古龟兹国通用钱币。钱质红赤，制作较粗，钱面横铸汉文"五铢"二字，背横铸龟兹文"ε O"。据释"ε"当为"5O"，"O"即"絫"（音垒），十絫为

282

一铢，5O絫即五铢。钱径大小不一，大者径2.1厘米，重2.2克左右；最小钱径1.4厘米，重1.2克左右。钱有汉龟二体文模铸在一面者，背平素，罕见。按龟兹又称邱兹、屈兹、屈支、鸠兹、归慈、归兹、曲先。地望在今新疆库车为中心的一片绿洲地带。居民从事农牧，产良马、犛牛、孔雀与葡萄、五金，能冶铸、酿酒。有文字，崇佛教，擅音乐。汉通西域后属西域督护府。宣帝时其王绛宾娶汉外孙乌孙公主女，同来朝贡，学汉文化，行于境内。龟兹五铢殆铸于此时（图一三）。

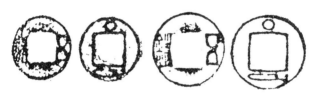

图一三　龟兹五铢